Thich Nhat Hanh

Achtsam leben – wie geht das denn?

arkana

Thich Nhat Hanh

Achtsam leben – wie geht das denn?

arkana

Penguin Random House Verlagsgruppe FSC® N001967

1. Auflage
Deutsche Ausgabe Januar 2024

Zusammenstellung, Übersetzung und Bearbeitung: Ursula Hanselmann
Lektorat: Ursula Richard
Fotos im Innenteil mit freundlicher Genehmigung von Christian Käufl;
die Fotos entstanden anlässlich einer Vietnamreise
mit Thich Nhat Hanh im Frühjahr 2005.
Umschlaggestaltung: Morian & Bayer-Eynck, Coesfeld, www.mbedesign.de
unter Verwendung eines Fotos von © Hildegard Morian
Gestaltung: AS Typo & Grafik, Berlin
Druck und Bindung: GGP Media GmbH, Pößneck
Printed in Germany
ISBN 978-3-442-34560-1

www.arkana-verlag.de

Inhalt

Vorwort

Thich Nhât Hanh beschreibt in seinen Vorträgen oder in vielen seiner Bücher, wie ein achtsames Leben aussehen kann: Wie wir achtsam Tee trinken, uns achtsam die Zähne putzen, achtsame Schritte tun und unsere alltäglichen Verrichtungen mit Achtsamkeit begleiten können, um sie zu einer ganz besonderen Erfahrung werden zu lassen. Seine Bücher sind Erinnerung, Ermutigung und Hilfe, die Kunst des achtsamen Lebens zu erlernen.

Nachdem wir seine Worte gehört oder gelesen haben, bemühen wir uns dann oftmals sehr darum, unser Leben achtsamer zu gestalten, aber manchmal kommen wir nicht recht weiter, bleiben gefangen in alten Gewohnheitsmustern, sind ungeduldig und wollen sofort oder möglichst schnell die Ergebnisse unseres Bemühens sehen.

Unser Umfeld scheint zuweilen mit unserer Achtsamkeit nicht Schritt halten zu können oder zu wollen, und wir möchten ihnen gerne beibringen, wie sie achtsamer sein könnten. Das geht aber nur selten gut.

Eines Tages stehen wir dann plötzlich da; unser Achtsamkeitspflänzchen ist Wind und Wetter ausgesetzt, während andere Samen (oftmals negative) allmählich wieder kräftiger zu sprießen beginnen, und unsere Achtsamkeit tut sich schwer, dazwischen noch ein Plätzchen zu finden.

Dann wird es Zeit, wieder genauer hinzuschauen und zu fragen: »Achtsam leben – wie geht das denn?« Wir können und sollten selbst nach Wegen suchen und Dinge ausprobieren, wir haben aber auch die Möglichkeit, Thich Nhât Hanh persönlich Fragen zu den Schwierigkeiten und Problemen mit der Achtsamkeit zu stellen – nach Vorträgen, während Retreats oder Tagen der Achtsamkeit oder bei einem Aufenthalt in Plum Village.

Es gehört allerdings ein wenig Mut dazu, nach vorne zu gehen, in ein Mikrofon zu sprechen, sein ganz persönliches Anliegen vorzubringen – vor einer oft recht großen Zuhörerschaft.

und dann werden oft Fragen gestellt, die tief berühren, die traurig sind, von Angst getragen, die aber auch hoffnungsvoll auf Thich Nhât Hanhs Antworten auf einen Lösungsvorschlag, auf eine neue Blickrichtung ausgerichtet sind.

All den Fragen liegt letztendlich die kleine und doch so große Frage zugrunde: »Achtsam leben – wie geht das eigentlich?« Und Thich Nhât Hanh weist uns Wege, altbekannte, manchmal auch ganz neue, unerwartete. Er gibt uns Hilfestellungen, unsere eigene Achtsamkeit zu erkunden, zu erproben und dabei zu bleiben – mit Geduld und liebevoll mit uns selbst.

Für mich waren anfangs die »Frage und Antworten«-Teile bei den Veranstaltungen Thich Nhât Hanhs eher eine Pflichtübung. Weder Neugier noch Begeisterung hielten mich auf meinem Kissen, weil ich voller Überheblichkeit dachte, die Fragen hätten ja konkret mit mir gar nichts zu tun – wenn auch die eine oder andere mich durchaus erschüttern oder tagelang begleiten konnte. Es waren für mich dennoch immer die Fragen anderer.

Eines Morgens hörte ich mir zu Hause eine CD mit Fragen und Antworten von und für Kinder an. Die erste Frage eines Jungen lautete: Thay, die Moskitos quälen mich so, kann ich nicht wenigstens ein paar umbringen?« Die Frage wurde begleitet vom Kichern anderer Kinder, und auch Thay lachte auf seine ganz besonders herzliche Art mit.

Seine Antwort auf diese Frage war wundervoll.

Er bestätigte dem Kind, dass er das Problem selbst sehr gut kenne und machte Vorschläge, wie man sich behelfen könne, ohne zu töten. Er erzählte dann anschließend noch den Kindern (und Erwachsenen) eine Geschichte über Mitgefühl, über Freude und Intersein (dem Miteinander-Verbundensein aller Dinge) am Beispiel einer Schlange, die unter einer Hängematte lag. In dieser Geschichte ist ein solcher Reichtum enthalten, dass sie noch heute viele meiner eigenen, ganz anders lautenden Fragen beantwortet.

So lernte ich nach und nach, »Fragen und Antworten« mit Thay zu lieben, lernte zu verstehen, dass alle, wirklich alle Fragen in irgendeiner Weise mit mir zu tun haben, auch wenn sie sehr weit von meiner eigenen Lebensrealität entfernt scheinen. Wenn ich genau hinhöre, kann ich in jeder Antwort Hinweise finden, kann sich mein Blick weiten, und ich sehe meine Situation oft von einer ganz anderen Warte. Die Antworten erschließen sich mir nicht immer sofort. Manchmal trage ich sie eine ganze Weile spazieren, bevor ich etwas verstehe, was mir noch verborgen war. Manchmal treffen sie so konkret meine derzeitige Situation, dass ich beinahe erstaunt bin, woher Thich Nhât Hanh wissen kann, dass ich genau diese Antwort jetzt brauche.

Meine kleine Vorliebe gilt den Fragen der Kinder, die teilweise sehr tief sind, manchmal auch traurig, manchmal lustig, manchmal schon sehr »erwachsen«, und oft kann man spüren, wie die Samen, die Thich Nhât Hanh sät, schon kleine Knospen bei ihnen hervorbringen.

Mögen viele Knospen und Früchte für uns in den »Fragen und Antworten« dieses Buches liegen und uns unterstützen, unseren ganz eigenen Weg der Achtsamkeit zu gehen – mit Freude und Geduld und viel Mitgefühl für uns selbst und andere.

Ursula Hanselmann

Eine gut gestellte Frage kann für viele Menschen hilfreich sein.

Stellen Sie Fragen, die uns helfen können, die Ihnen helfen können, die den Menschen, denen Sie sich verbunden fühlen, helfen können, aus schwierigen Situationen herauszufinden. Fragen, die helfen, den Pfad der Praxis zu erkennen, den Pfad der Transformation zu sehen, um unser Glück, unsere Kommunikation und unsere Harmonie wiederherzustellen.

Stellen Sie solche Fragen, die das Reine Land, das Königreich Gottes zurückbringen, die unser Herz wieder mit Leben erfüllen können.

Thich Nhât Hanh

Die Übung der Achtsamkeit

Lieber Thay,
meine Frage ist sehr einfach, sie stellte sich mir während des heutigen Frühstücks.

Ich habe mich an einen der langen Tisch gesetzt. Da waren andere Personen neben mir und eine, die mir gegenüber saß. Ich schaute auf meinen Apfel, den ich ganz still und achtsam aß. Als ich wieder aufschaute, saß jemand ganz anders mir gegenüber. Ich hatte nicht wahrgenommen, dass die Person, die vorher da saß, weggegangen war und eine neue Person sich hingesetzt hatte. Meine Frage ist: Wenn ich versuche, achtsam zu sein, ganz bewusst, muss ich mir dann all dessen bewusst sein, was sonst noch um mich herum geschieht?

Nein, nein. Es geschehen viele Dinge zur gleichen Zeit im gegenwärtigen Moment, und Sie können sich entscheiden, sich nur auf eine Sache zu konzentrieren. Achtsamkeit ist die Fähigkeit, sich bewusst zu werden, was im gegenwärtigen Moment geschieht. Sie erlauben sich einfach, präsent zu sein und festzustellen, was Sie mehr beschäftigt, was mehr im Vordergrund steht; Sie können nicht alles wahrnehmen, was geschieht. Wenn Sie dann aufschauen und eine neue Person entdecken, sagen Sie sich: »Oh, eine neue Person« – das ist bereits Achtsamkeit. Einige Minuten zuvor war das Objekt Ihrer Achtsamkeit ein anderes. Jetzt hat Ihre Achtsamkeit ein neues Objekt. Das ist Achtsamkeitsübung ohne jegliche Vorgabe.

Die Übung der Achtsamkeit kann ebenso gut eine Vorgabe haben, eine Art Programm. Es bedeutet, dass Sie bei einem Objekt für fünfzehn, zwanzig oder dreißig Minuten verweilen möchten. Sie möchten nur mit diesem einen Objekt sein – wie zum Beispiel dem Atem. Sie möchten sich jetzt auf Ihren achtsamen Atem konzentrieren und alle anderen Objekte erst einmal nicht beachten. Es ist so ähnlich, wie wenn Sie morgens einen Packen Briefe erhalten, Sie gehen ihn schnell durch und entscheiden sich, welchen Brief sie zuerst lesen. Das heißt nicht, dass Sie den Rest nicht lesen werden. Sie haben lediglich beschlossen, diesen einen Brief zuerst zu lesen. Dies ist die Achtsamkeitsübung mit Vorgabe. Sie greifen ein Objekt heraus, von dem Sie glauben, Sie sollten sich jetzt darauf besinnen, weil Sie es gerade jetzt brauchen, weil Sie das Nährende und Heilende, das daraus erwachsen kann, jetzt benötigen. Sie suchen sich also ein Thema, ein Objekt der Achtsamkeit aus, Sie werden Ihre Aufmerksamkeit auf keine anderen Objekte richten. Das ist in Ordnung. Das ist nicht mangelnde Achtsamkeit, denn Sie praktizieren auf diese Art und Weise wirklich Achtsamkeit.

@

Lieber Thay,
bitte sagen Sie etwas über Satori, Kensho und Erleuchtung.

Satori heißt Erwachen. Es ist kein abstrakter Begriff. Man kann Satori mehrmals am Tag erfahren. Wenn Sie Ihren Tee trinken und sich beim Teetrinken bewusst werden, dass Sie Tee trinken, dann ist das bereits Satori. Wenn Sie gehen und sich bewusst werden, dass Sie gehen, dann ist das Satori. Satori ist nicht etwas, das man nach zum Beispiel achtjähriger Praxis erfährt. Es sollte eigentlich mehrmals täglich passieren. Arrangieren Sie Ihr Leben, Ihren Alltag so, dass Satori jede Minute geschehen kann.

Kensho bedeutet Einsicht in die eigene Natur. Der ganze Sinn der Übung, der Sitzmeditation, des Atmens, des Gehens ist, tief zu schauen und Einblick in die eigene Natur zu gewinnen. Auch Ihre wahre Natur ist nichts Abstraktes. Der Buddha ist sehr hilfreich gewesen, denn er hat uns Hinweise gegeben, wie wir unserer Natur auf den Grund gehen können. Unsere Natur ist die Natur der Vergänglichkeit, unsere Natur ist vom Wesen her Nicht-Selbst und Intersein, unsere Natur ist vom Wesen her Nirwana. Sie sollten Ihr tägliches Leben so leben, Ihre Praxis so gestalten, dass Sie keine Konzepte entdecken, wenn Sie tief schauen, sondern dass Sie wirkliche Einsichten haben.

Wenn Sie nur sitzen und darauf warten, dass Kensho sich einstellt, dann bezweifle ich, dass das geschieht.

Sitzen ist sehr wichtig, aber es ist wesentlich, auf eine Art und Weise zu sitzen, dass Konzentration und tiefes Schauen möglich sind. Wenn Achtsamkeit und Konzentration wirklich stark und unerschütterlich werden, dann kann man tief schauen und Einsichten in das eigene Wesen gewinnen. Wenn während des Sitzens die Konzentration und die Energie der Achtsamkeit nicht in Ihnen vorhanden sind, dann wird Kensho nie geschehen, ganz egal wie viele Stunden Sie sitzen.

In der Soto-Tradition des Zen gibt es eine besondere Art zu sitzen, Shikantanza oder Nur-Sitzen. Das bedeutet, nur zu sitzen ohne Erwartung, dass irgendetwas geschieht. In einem buddhistischen Kontext bedeutet Sitzen vollständig präsent zu werden. Wenn man mit dieser Konzentration sitzt, mit dieser Präsenz, sitzt man im Erwachen. Wenn Sie in Gedankenlosigkeit sitzen wie in einer dunklen Höhle und weiterleiden, zum Beispiel wegen körperlicher Schmerzen, bezweifle ich, dass Kensho sich einstellt.

Sie sind intelligent und Sie sollten Ihre ganze Intelligenz ins Sitzen einbringen.

◎

Ich sitze neben Ihnen, bin etwas nervös, aber mein Herz ist voller Freude. Ich habe Sie schon vor langer Zeit in Ihren Büchern getroffen und möchte Ihnen danken für das, was Sie mir gegeben haben, die Gedanken, die hilfreichen Worte, Sie haben mir viel Kraft gegeben.

Das Thema, das ich gerne weiter verfolgen möchte, ist die Gemeinschaft, die Sangha.

Wir wissen, dass es wichtig ist, in schwierigen Zeiten zusammen zu sein, aber auch in schönen Zeiten. Aber ich weiß, dass es auch einige gibt, die Schwierigkeiten haben mit der Struktur und den Ritualen, die zum Teil während der gemeinschaftlichen Treffen durchgeführt werden.

Vielleicht können Sie mir einige Einsichten vermitteln, wie wir gut kommunizieren können, gut zuhören können, gut reden können, rechte Rede üben können, wie wir uns in der Sangha gegenseitig auch helfen können.

Wenn zwei Menschen sich treffen, dann winken sie einander entweder zu oder sie schütteln sich die Hände oder verbeugen sich voreinander. Das sind Ausdrucksarten, Verhaltensweisen, die wir brauchen, um uns auszudrücken. Wir sind nicht der Meinung, dass das Zusammenlegen der Hände und das Verbeugen die bessere Art ist, sich zu begrüßen, als Händeschütteln.

Wenn man seine Hände zusammenlegt und sich vor einer anderen Person verbeugt, dabei aber nicht achtsam ist und sich der Gegenwart des anderen gar nicht bewusst ist, dann macht diese Verbeugung überhaupt keinen Sinn. Wenn Sie dagegen die Hand einer Person nehmen und denken »Wundervoll, er ist immer noch am Leben, ich habe die Möglichkeit, seine Hand zu halten, wie glücklich bin ich darüber!«, dann ist das viel besser, als sich ohne jegliche Achtsamkeit zu verbeugen.

Deswegen ist »sich zu verbeugen oder sich nicht zu verbeugen« nicht die Frage. Sie mögen von dieser Art Ritual befremdet sein. Aber die Menschen drücken damit ihre Achtsamkeit aus. Sie müssen nicht dasselbe tun, wichtig ist nicht die Form, sondern ob Sie achtsam sind oder nicht. Sind Sie achtsam, dann wissen Sie, dass Sie wirklich präsent im Hier und Jetzt sind, und Sie genießen das Zusammensein mit anderen Praktizierenden.

Wenn wir gehen, können wir langsam gehen oder sehr langsam oder auch schnell, das hat überhaupt nichts zu sagen. Es kommt darauf an, ob Sie das Gehen genießen können oder nicht. Im Winter üben wir in Plum Village nicht nur Gehmeditation, wir üben auch Laufmeditation, Jogging-Meditation.

Eine gute Praxis steckt nicht in der Form fest. Wir können viele Formen der Praxis nutzen, wir sollten aber nicht in einer Form stecken bleiben, nicht anhaften. Wenn wir wirklich frei sind, dann haften wir an nichts an, zum Beispiel nicht an der Farbe der Robe, das alles spielt keine Rolle.

Wichtiger ist, dass wir als Sangha, als Gemeinschaft, zusammenkommen. Jeder und jede von uns trägt mit der eigenen Praxis zur kollektiven Energie bei, die heilend und hilfreich für alle ist.

Durch meiner Art zu atmen, zu sitzen, zu gehen trage ich meinen Teil bei; durch Ihre Art zu atmen, wie Sie Ihren Tee trinken, tragen Sie Ihren Teil bei, dass wir als Gemeinschaft harmonisch zusammen sein können.

Wenn eine Person viele negative Samen von ihren Eltern geerbt hat – wie kann man diese Samen ruhen lassen und wie kann man verhindern, dass diese Samen den eigenen Kindern oder anderen Personen, die um uns sind, übertragen werden?

Die Antwort lautet: Umfeld und Sangha.

Um zu verhindern, dass unsere negativen Samen zu stark gewässert werden, sollten wir unser Umfeld verändern, wir sollten jede Anstrengung unternehmen, um das Umfeld zu verändern. Mit Menschen zu leben, die wissen, wie sie ihre positiven Samen wässern können, ist sehr wichtig. Deshalb sollten wir uns zusammenfinden und eine Gemeinschaft gründen, die ein achtsames Leben, ein glückliches, ein gesundes Leben ermöglicht. Eine Sangha aufzubauen, die aufgrund dieser Einsicht praktiziert, ist etwas sehr wichtiges.

Wir sollten das für uns als Individuen tun, und wir sollten versuchen, es auch vielen anderen Menschen zu ermöglichen, denn für viele von uns ist unser Umfeld nicht so förderlich. Wenn wir in einem solchen Umfeld einfach nur so weiterleben, dann werden unsere negativen Samen fortwährend gewässert und die positiven Samen werden keine Chance haben. Deshalb ist es eine wichtige Aufgabe, unser Umfeld zu verändern, ein gesundes, gutes Umfeld zu gestalten und Sanghas aufzubauen, d.h. Gemeinschaften von Menschen, die achtsam leben.

In den letzten Jahren haben wir versucht, in Großstädten Achtsamkeitszentren aufzubauen, in denen die Achtsamkeitspraxis in einer offenen, nicht sektiererischen Art angeboten wird, damit auch Menschen, die keine Buddhisten sind, sich wohl fühlen und ganz natürlich praktizieren. Jede und jeder kann hier achtsames Gehen, achtsames Essen, achtsames Sitzen, achtsames Sprechen üben, und diejenigen, die in diese Achtsamkeitszentren kommen, werden von dem Wunsch motiviert, diese Art des Lebens in ihre Familie hinein zu tragen, Gruppen zu bilden, die sich treffen, um das gegenseitige Wässern der positiven Samen zu üben.

An den Universitäten können Studenten Gruppen bilden, in denen man sich gegenseitig mit der Achtsamkeitspraxis hilft. In jeder Universität, in jeder Schule ist es möglich, einen Ort zu finden, der ein Ort der Achtsamkeit werden kann, damit Lehrer, Professoren und Studenten jederzeit die Möglichkeit haben, sich in der Kunst des achtsamen Lebens und in der Praxis des Wässerns der guten Samen zu üben.

In Plum Village unterlassen wir (so gut es geht) das Wässern der negativen Samen und üben ausgiebig das Wässern der positiven Samen – wir nennen das dann »selektives Wässern«. Wenn wir uns zu einer Gruppe zusammenfinden, die Achtsamkeit praktiziert, haben wir eine Chance, das selektive Wässern zu üben. Das ist sehr wichtig. Wenn die Samen des Glücks, des Verstehens, des Mitgefühls auch nur eine Woche lang gewässert werden, können wir uns bereits verändern. Wir können den anderen Menschen ändern. Diese Übung ist gar nicht schwierig. Wir nehmen die guten Samen in dem oder der anderen wahr und gießen sie. Bereits eine Stunde des »Blumengießens« kann die andere Person verändern, kann sie glücklicher machen. Es ist wundervoll. Wenn wir in einer Situation sind, in der unsere positiven Samen überhaupt nicht gewässert werden, an keinem Tag, sollten wir uns entschließen, unser Umfeld sofort zu verändern.

Wenn Sie an einen Ort wie Plum Village kommen, werden Sie feststellen, dass die Kinder hier sehr glücklich sind, auch wenn sie nicht fernsehen. Wenn wir fernsehen erlauben wir, dass unsere Samen von Gewalt, Gier und Ärger sehr stark gegossen werden.

Vor einigen Jahren kam ein Junge nach Plum Village. Als er sich den Tagesplan ansah, wurde er sehr wütend auf seine Mutter, die ihn hierher gebracht hatte. Es gab kein Fernsehen und der Tagesablaufplan bestand aus Sitzen, Gehen und stillen Mahlzeiten. Er hielt diesen Ort für eine Art Gefängnis. Er dachte, er könne ohne Fernseher nicht überleben. Seine Mutter war verzweifelt und bat um Hilfe. Schwester Chân Không schlug ihm vor: »Okay, bleib einen Tag und eine Nacht hier, und wenn es dir nicht gefällt, fährst du am nächsten Tag zum Strand.« Er nahm den Vorschlag an. Schwester Chân Không bat andere Jungen und Mädchen seines Alters, mit ihm zu spielen. In den nächsten Stunden war er völlig in die Aktivitäten der jungen Menschen in Plum Village einbezogen. Als es am nächsten Tag Zeit für ihn war, Plum Village zu verlassen, um an den Strand zu fahren, wollte er gar nicht mehr weg. Er sagte, es sei ganz in Ordnung hier, er bliebe. Und er überlebte ohne Fernseher. Während der Wochen, die er in Plum Village verbrachte und an den Aktivitäten der jungen Leute teilnahm, war es möglich, gute Samen in ihm zu wässern, so dass eine große Veränderung in ihm stattgefunden hatte, als er wieder nach Hause fuhr.

⑥

Kann ich jeden Menschen lieben, kann ich für jeden Menschen Mitgefühl empfinden, auch wenn ich ihn nicht mag?

In der buddhistischen Tradition kennen wir die Lehre der Vier Brahmaviharas, die Lehre über die Liebe. Die vier Elemente wahrer Liebe sind »liebende Güte«, »Mitgefühl«, »Freude« und »Nicht-Unterscheidung«. Am Anfang wird Ihre Liebe nur für eine Person ausreichen, aber wenn Sie den Lehren entsprechend praktizieren, wird Ihre Liebe mehr und mehr Menschen einschließen. Sie werden fähig sein, auch die Menschen zu lieben, die nicht sehr liebenswert sind. Denn der Prozess der Liebe ist auch ein Prozess des tiefen Schauens. Wenn wir tief in eine Person hineinschauen, die wir hassen, können wir ihr ganzes Leiden und ihre Schwierigkeiten sehen. Diese Person hat vielleicht anderen Menschen viel Leid zugefügt, aber sie hat auch sich selbst viel Leiden geschaffen. Diese Person hatte vielleicht keine Eltern, die ihr helfen konnten, keine Freunde, die ihr eine Richtung gezeigt haben. Wenn wir das erkennen, werden wir sie nicht länger tadeln, wir werden dann sehen, dass sie Hilfe braucht. Auf einmal können wir diese Person dann in unsere Liebe mit einschließen.

Die Vier Brahmaviharas werden manchmal auch als die Vier Unermesslichen bezeichnet. Das bedeutet, es gibt auch eine Liebe ohne jede Begrenzung. Das ist die Liebe des Buddha. Sie alle sind zukünftige Buddhas und deshalb haben Sie die Fähigkeit, alle Wesen in Ihrer großen Liebe zu umarmen. Für Praktizierende ist es nur eine Frage der Zeit.

Die Frage betrifft die erste der Fünf Betrachtungen, die wir vor dem Essen sprechen. (»Diese Nahrung ist ein Geschenk des ganzen Universums und das Ergebnis von viel Liebe und Mühe.«) Könnten wir vielleicht sagen, dass die Nahrung nicht das Geschenk von Himmel und Erde ist, sondern die Frucht der gegenseitigen Abhängigkeit verschiedener Elemente?

Wir könnten das wohl sagen, aber es ist sehr schön, Dankbarkeit zu fühlen. Wenn wir eine Orange genießen, sie essen, können wir dem Orangenbaum danken, der viel Zeit aufgewendet hat, eine schöne Orange für uns hervorzubringen.

Wenn wir sehen können, dass es Geben und Empfangen gibt, können wir eine tiefere Art von Beziehung zu dem Orangenbaum entwickeln. Wir wissen, dass auch der Orangenbaum vieles von den Wolken, dem Sonnenschein, der Erde und so weiter empfängt. Tatsächlich ist es so, dass alles, was ist, auf alles andere angewiesen ist, damit es wachsen und sein kann. Deswegen bin ich nicht nur voller Dankbarkeit für den Orangenbaum, sondern auch für Wolken, Sonne, Erde und so weiter. Es ist eine schöne Vorstellung, dem Kosmos dankbar zu sein, allem gegenüber, das sich uns als Nahrung anbietet. Deswegen organisieren wir in Plum Village einen Erntedank-Tag, an dem wir unseren Dank darbringen: zuerst unserem Vater und unserer Mutter, die uns das Leben geschenkt haben, dann unserem Lehrer, der uns ein spirituelles Leben ermöglicht und der uns gelehrt hat, im Hier und Jetzt zu leben; wir danken unseren Freunden, die uns auch dann unterstützen, wenn es uns nicht gut geht, und wir danken jedem Lebewesen in der Tier-, Pflanzen- und Mineralienwelt dafür, dass sie uns unterstützen und erhalten.

Und so feiern Buddhistinnen und Buddhisten auch Erntedank – mit dieser Form von Einsicht. Während wir Erntedank feiern, treten wir in Beziehung zu allem, was uns umgibt. Dies ist eine sehr gute Übung, die uns hilft, uns nicht aus der Realität zu entfernen. Das Gefühl der Dankbarkeit unterstützt uns dabei, erinnert uns, Mitgefühl und liebende Güte zu kultivieren.

Sie sprechen nie über Karma. Warum nicht?

Ich spreche die ganze Zeit über Karma. Es gibt keinen Augenblick, in dem ich nicht über Karma sprechen würde. Karma bedeutet handeln, tätig sein. Eine Handlung kann sich sowohl in Form eines Gedankens, eines Wortes oder einer körperlichen Tätigkeit ausdrücken. Wenn ich also über achtsames Atmen spreche, ist das gutes Karma. Achtsames Atmen ist eine sehr gute Handlung, um Ihren Körper und Ihren Geist zusammenzubringen, damit Sie ganz hier sein können, um das Leben tief zu berühren. Wenn ich über die Fünf Achtsamkeitsübungen[1] spreche, spreche ich über Karma, denn Karma ist Tun – wenn Sie im Geiste der Fünf Achtsamkeitsübungen denken oder sprechen, werden Sie gute Resultate hervorbringen können: Frieden, Freude, Glück werden Ihnen gehören. Ich benutze das Wort Karma nicht als Terminus, aber ich sprechen andauernd über Karma und über die Nahrung des Karma, genannt *karmaphala*. Und auch über gutes und negatives Karma. Wir sollten uns nicht von Worten oder Begriffen gefangen nehmen lassen, auch nicht von Ideen. Wir sollten unsere gegenwärtigen Probleme anschauen und unsere Übung ganz stark werden lassen und uns nicht zu vielen Ideen und Betrachtungen hingeben.

Folgt man der Erkenntnis, dass alles mit allem zu tun hat, stellt man fest, dass wir hier in diesem Raum alle miteinander zu tun haben. Schaut man etwas genauer hin, kann man feststellen, dass in westlichen industriell geprägten Kulturen in Politik und Wirtschaft oft der Weg der rechten Achtsamkeit zu vermissen ist. Gibt es Erkenntnisse und gibt es Möglichkeiten, dieses Bewusstsein möglicherweise etwas schneller zu transportieren, da es so aussieht, dass nicht nur westliche Industrienationen kurz vor dem sozialen Kollaps stehen?

---

1 Siehe *Fünf Wege zum Glück*, Berlin: Theseus Verlag, 2005

Es hört sich so an, als glaubten Sie, Achtsamkeit müsse etwas Langsames sein. In Plum Village üben wir manchmal Lauf-Meditation, besonders im Winter, um warm zu werden. Es ist einfacher, die Praxis mit Verlangsamen zu beginnen; aber nachdem Sie die Praxis gemeistert haben, brauchen Sie nicht mehr so langsam zu gehen.

In der Meditationshalle können Sie langsame Gehmeditation üben, einatmen – ein Schritt, ausatmen – ein Schritt. Aber wenn Sie in Berlin so gehen, werden die Menschen sehr befremdet sein. Einatmend können Sie achtsam drei Schritte machen, und Sie können gleichzeitig sehr natürlich und glücklich gehen. Ich glaube, dass wir, um die negativen Entwicklungen zu stoppen, als Sangha, als Gemeinschaft, praktizieren müssen, nicht als einzelne Individuen.

In den letzten zwanzig Jahren haben wir versucht, die Achtsamkeitspraxis in Schulen zu bringen, sogar in Gefängnisse, und in zwei Monaten haben wir ein Retreat für Polizisten in Madison, Wisconsin. Wir haben Achtsamkeits-Retreats für Psychotherapeuten, Lehrer und Umweltschützer angeboten. In Plum Village haben wir auch Retreats mit Geschäftsleuten durchgeführt, und im August haben wir ein Retreat für Parlamentsmitglieder in Washington organisiert.

Wir sind uns dessen bewusst, dass wir uns in der Gesellschaft engagieren müssen, um Hoffnung zu schaffen. Es ist wichtig, zunächst kleine Übungs-Gemeinschaften zu bilden und von dort zu beginnen. Als eine »erwachte« Gruppe von Menschen müssen wir unseren Bedürfnissen Ausdruck verleihen. Wir sollten achtsam konsumieren lernen, und dann können wir auch die Produktion von Artikeln, die für die Menschheit gefährlich sind, unterbinden. Ich glaube, wir leben in einer Zeit, in der wir als größere Gemeinschaften, als Städte oder Nationen praktizieren müssen.

Und wir müssen versuchen Politiker und Geschäftsleute in unsere Praxis mit einzubeziehen.

Was soll man tun, wenn man Meditation üben will und die Gedanken wandern ständig in die Vergangenheit oder in die Zukunft, man findet nicht zur Ruhe, weil sich im Leben vielleicht sehr viel Veränderung angesammelt hat und so viele Wege da sind? Man will sich entscheiden und möchte dann den ersten Schritt vor dem zweiten tun. Alles ist so schwierig und voller Hürden, die sich vor einem aufgebaut haben. Was würden Sie empfehlen? Sollte man erst einmal eine Zeit aussteigen? Oder ins Retreat gehen oder eine ähnliche Möglichkeit finden? Was schlagen Sie vor?

Um mit einer schwierigen Situation zurechtzukommen, müssen wir uns im rechten Denken üben. Und rechtes Denken ist nicht möglich ohne Achtsamkeit und Konzentration. Sehr oft macht uns das Denken noch verwirrter, weil wir nicht geübt sind, Denken im Sinne von tiefem Verstehen zu begreifen. Der Buddha rät uns, Probleme im Licht von Verstehen und Mitgefühl zu lösen. Jede Entscheidung, die nicht auf der Basis von Verstehen und Mitgefühl beruht, ist keine gute Entscheidung. Das rechte Denken ist die Art von Denken, die uns hilft zu erkennen, ob die Entscheidung, die wir treffen werden, uns leiden lassen wird oder die andere Person leiden lässt. Und deswegen ist es so wichtig, für eine Weile nicht zu denken, sondern nur da zu sein, unserem Atem zu folgen und unsere Schritte zu spüren.

Wir versuchen einfach da zu sein, in Frieden, Stabilität und in Frische zu sein, um unsere Ruhe und Solidität wieder zu finden.

Und erst, wenn Sie spüren, dass der Boden ihres Seins solide genug ist, um rechtes Denken zu üben, erst dann fangen Sie an, über Ihre Situation zu reflektieren.

Es könnte wunderbar sein, wenn Sie für sich die Frage aufschrieben: Ist diese Entscheidung auf der Grundlage von Verstehen und Mitgefühl entstanden oder nicht?

Wenn Sie kurz davor sind, etwas zu tun, zu sagen oder aufzuschreiben, dann schauen Sie genau hin, ob das, was Sie tun oder schreiben, Ihnen selbst oder anderen Leiden zufügen würde. Wenn Ihre Antwort Nein heißt, wird diese Entscheidung kein Leiden schaffen, weder für

Sie noch für oder jemand anderes. Dann wissen Sie, es ist eine gute Entscheidung.

@

Ich möchte etwas über das Verhältnis von Erleuchtung und Erinnerung wissen. Ich bin mir nicht ganz klar über das Verhältnis dieser beiden Dinge. Manchmal übersetzen Sie das Wort smṛti *als Erinnern, und ich möchte wissen, über welche Art von Erinnerung wir sprechen, wenn wir das sagen. Ist es nicht bisweilen nötig zu vergessen, um zu überleben? Ich habe manchmal eine Menge Erinnerungen, und ich weiß nicht, ob diese Erinnerungen der Erleuchtung dienlich und förderlich sind.*

Es gibt ein kleines Buch mit dem Titel *Das Wunder der Achtsamkeit*[2] – ich habe es vor vierzig Jahren geschrieben. Es ist ein Buch über die Praxis der Achtsamkeit, und ich habe darin Achtsamkeit immer als die Fähigkeit bzw. die Energie definiert, die uns hilft das wahrzunehmen, was im gegenwärtigen Moment geschieht. Das ist die Grunddefinition – Achtsamkeit, Gegenwärtigkeit. Das kann nur geschehen, wenn Körper und Geist vereint sind und Sie in Berührung mit dem Hier und Jetzt sind. Manchmal wird Achtsamkeit auch mit dem Wort Aufmerksamkeit übersetzt. Aufmerksamkeit bedeutet ebenso im Hier und Jetzt sein.

Es gibt ein Buch mit dem Titel *Erinnere dich daran, dich zu erinnern.* Woran soll man sich erinnern? Man soll sich daran erinnern, Achtsamkeit zu praktizieren, sich nicht in der Vergangenheit zu verlieren. Wenn Sie sich erinnern, um sich in der Vergangenheit zu verlieren, dann ist das keine Achtsamkeit, das ist nicht *smṛti.* Wenn Sie sich an etwas aus der Vergangenheit erinnern und Sie von diesem Denken nicht fortgetragen werden, wenn Sie immer noch im Hier und Jetzt sind und wahrnehmen, dass Sie darüber nachdenken, dann sind Sie immer noch im gegenwärtigen Moment. Dann ist die Erinnerung, die zu Ihnen zurückkehrt, das Objekt ihrer Achtsamkeit.

---

2 *Das Wunder der Achtsamkeit*, Berlin: Theseus Verlag, 12., überarb. Auflage 2004

»Ich bin mir bewusst, dass ich über etwas aus der Vergangenheit nachdenke.« Sie werden nicht von der Vergangenheit davongetragen, Sie sind immer noch im gegenwärtigen Moment. Diejenigen, die gut praktizieren, haben keine Angst vor Erinnerungen aus der Vergangenheit, keine Angst, von ihnen überwältigt zu werden. Denn Sie haben genug Achtsamkeit, diese Erinnerung wahrzunehmen und sie zu umarmen, und lassen es nicht zu, dass Leiden entsteht. Zu sagen, dass wir manchmal, um zu überleben, vergessen müssten, das ist zu schwach, das ist nur gut für Nicht-Praktizierende. Übende sind stark genug, um schmerzhaften Erinnerungen entgegenzutreten, um sie zu umarmen und sie zu verwandeln. Sonst versuchen wir nur vor dem wirklichen Leiden, das in uns ist, davonzulaufen.

Sie sprechen oft über »tiefes Schauen«. Können Sie den Unterschied zwischen »über ein Problem nachdenken« und »tief in das Problem schauen« erläutern?

»Tiefes Schauen« ist der Begriff, den wir verwenden, um das Pali-Wort *vipassana* zu übersetzen. Das ist das Herzstück der Meditation. Wenn Sie wirklich ganz da sind, Körper und Geist vereint, sind Sie ruhig, konzentriert, sind Sie in einer Position, um tief zu schauen. Der Akt des tiefen Schauens hilft Ihnen, die Natur dessen, was da ist, zu entdecken.

Wenn Sie diese Natur berühren, sie sehen können, dann entstehen Einsicht, Erwachen und Erleuchtung.

Tiefes Schauen ist aus mehreren Elementen zusammengesetzt:

Das erste Element ist Achtsamkeit. Achtsamkeit muss wirklich vorhanden sein. Körper und Geist müssen vereint sein, sonst wäre tiefes Schauen nicht möglich. Wenn Sie ganz da sind, ganz lebendig und ganz präsent, sind Sie fähig, ihren Körper, ihre Gefühle, ihre Emotionen zur Ruhe kommen zu lassen. Sie sind konzentriert. Konzentration ist ein wichtiges Element des tiefen Schauens. Zunächst müssen Sie innehalten. Nachdem Sie innegehalten haben, üben Sie Konzentration. Damit sind Sie in der Lage, tiefer zu gehen.

Das Element »Denken« kann dabei durchaus hilfreich sein. Denken wird durch die Begriffe *vitaka* und *vichara* definiert. Vitaka bedeutet »der Ausgangsgedanke«, der erste Gedanke, den Sie zu einer Sache haben. Vichara bedeutet eine etwas ausgefeiltere Untersuchung dieses Gedankens, ein »Weiter-Denken«.

Der Buddha hat uns Grundsätze, Methoden und Anleitungen hinterlassen, damit wir bei der Praxis des tiefen Schauens erfolgreich sein können. Zum Beispiel sagte er, wir sollten uns von der Einsicht in die Vergänglichkeit leiten lassen. Wenn Sie im tiefen Schauen die Natur der Vergänglichkeit entdecken, haben Sie eine große Chance, tiefer zu gehen. Aber wenn Sie dem Aspekt der Vergänglichkeit keine Beachtung schenken, verpassen Sie alles. Sie können nicht tiefer in die Natur dessen, was da ist, vordringen.

Das andere Element ist die Leerheit. Leerheit ist ein Wegweiser. Wenn Sie tiefer schauen, mit dem Bewusstsein der Leerheit in Ihnen, dann können Sie die Natur des Interseins entdecken, die Natur dessen, was vorhanden ist. Leerheit bedeutet das Fehlen einer eigenständigen Existenz. Wenn Sie zum Beispiel eine Blume ansehen, können Sie als Erstes die Natur der Vergänglichkeit berühren. Sie reden nicht nur über Vergänglichkeit, tatsächlich erfahren Sie die Natur der Vergänglichkeit aus erster Hand. Und dann können Sie tiefer gehen, denn die Einsicht in die Vergänglichkeit hilft Ihnen, die Natur des Interseins zu erkennen. Alles was Sie vor sich sehen, ist im Wandel, ist aus vielen Elementen zusammengesetzt. Die Blume besteht aus Sonnenschein. Sonnenschein ist ein Element der Blume. Sie nennen den Sonnenschein nicht Blume, aber Sie entdecken, dass eine Blume ohne Sonnenschein nicht sein kann. Sie finden heraus, dass die Blume nicht aus sich selbst existieren kann. Sie muss mit Nicht-Blumen-Elementen »intersein«: der Sonne, den Wolken, dem Regen, den Mineralien, der Erde, dem Gärtner. Es gibt eine Vielzahl von Elementen, die wir »Nicht-Blumen-Elemente« nennen.

Die Blume ist nur möglich durch das Zusammenkommen dieser Nicht-Blumen-Elemente. Deswegen ist die Blume leer von einer eigenständigen Existenz. So hilft uns die Einsicht in das Intersein, tiefer in die Wirklichkeit der Blume vorzudringen. Leerheit ist das Fehlen einer eigenständigen Existenz. Wenn Sie Ihre Aufmerksamkeit, Ihre Konzentration und Ihr tiefes Schauen weiter darauf fokussieren, werden Sie vielleicht herausfinden, dass diese Blume das ganze Universum enthält. Sie werden feststellen, dass das ganz Kleine das ganz Große enthält, und Sie können vielleicht von der Vorstellung von Größe bzw. Kleinheit frei werden. Sie können frei werden von der Vorstellung von Ich und Du, denn ich enthalte dich und du enthältst mich und wir enthalten das ganze Universum. Sie können die Vorstellung von Geburt und Tod loslassen, indem Sie in das Herz einer Blume schauen.

Der Buddha sagt, dass das Denken, das Ausgangsdenken oder das sorgfältige Weiter-Denken, nur ein Teil der Arbeit ist. Manchmal brauchen wir das Denken gar nicht mehr. Manchmal berühren wir mit anderen Elementen der Praxis. Wenn Sie eine Blume mit der Einsicht in die Vergänglichkeit, das Nicht-Selbst, das Intersein berühren, dann kann diese Einsicht Sie von Ihrer Angst und Ihren Sorgen befreien. Der Buddha hat gesagt, dass alle Angst, alles Leid und alle Sorgen von unserer falschen Wahrnehmung der Wirklichkeit verursacht werden.

Tiefes Schauen ist nicht nur ein Ausdruck bzw. eine Floskel, denn der Buddha hat ganz klar auf die Schritte verwiesen, die wir tun sollten, um im Akt des Tiefen Schauens erfolgreich zu sein.

Ich fühle mich sehr unwohl, wenn Leute sagen, Zen sei eine Sekte. Was kann ich ihnen antworten?

Ich weiß es nicht (Lachen). Wenn man sagt, Zen sei keine Sekte, scheint das nicht zu helfen. Und wenn man sagt, Zen sei eine Sekte, nun das hilft ebenso wenig. Die Leute haben bestimmte Vorstellungen von einer Sekte, meinen zum Beispiel, Sekten würden Kindern oder anderen Familienmitgliedern schaden, da ihre Praktiken dazu führten, dass Familien zerbrechen, die Tochter oder der Sohn oder der Ehemann »entführt« würden und so weiter.

Sie sollten nicht Ihre Zeit damit verschwenden, darüber zu diskutieren, ob Zen eine Sekte ist oder nicht. Ich denke, wir sollten die Menschen zu uns einladen, sie an unseren Aktivitäten und an unserem Leben teilhaben lassen. Wenn sie erst einmal sehen, dass diese Praxis dazu beiträgt, in den Menschen mehr Verständnis, eine bessere Kommunikation und mehr Mitgefühl hervorzubringen, dann werden sie wissen, dass die Praxis etwas ist, was wichtig und nützlich für die Gesellschaft ist.

Die Menschen haben bestimmte Vorstellungen. Wenn wir versuchen ihre Vorstellungen zu ändern, werden wir nicht genügend Zeit dazu haben.

Ich erinnere mich daran, dass ich in Philadelphia vor vielen Jahren an einem Friedensmarsch teilnahm, der für das Ende der Bombardierung Vietnams eintrat. Ein Reporter kam auf mich zu und fragte mich: »Sind Sie aus dem Süden oder aus dem Norden?«

Wenn ich gesagt hätte: »Aus dem Norden«, hätte er mich für einen Antiamerikaner gehalten, einen Kommunisten. Hätte ich gesagt: »Aus dem Süden«, wäre ich in seinen Augen ein Antikommunist gewesen.

Ich machte sehr achtsame Schritte, und er hielt mir nach seiner Frage das Mikrophon entgegen. Ich hielt kurz an und sagte: »Ich bin aus der Mitte.«

Die Leute haben bestimmte Vorstellungen und erwarten, dass man ihnen die Schachtel zeigt, in die man gehört. Aber was geschieht in ihren Köpfen, wenn man in keine Kategorie passt?

So mag Zen eine Sekte sein oder es mag keine Sekte sein. Es ist die Wirklichkeit, auf die es ankommt und nicht der Name, den Sie ihr geben.

Ich glaube, dass wir manchmal auch im Namen einer anerkannten Tradition Menschen verletzen können. Es gibt Priester, die nicht praktizieren, die Oberhäupter großer Kirchen und Tempel sind, aber sie üben nicht. Sie verraten ihre eigenen spirituellen Werte. Obwohl sie nicht als Sekte bezeichnet werden, richten sie eine Menge Schaden in ihrem Umfeld an und bringen Menschen dazu, dem Weg nicht mehr zu vertrauen.

Deswegen sollten wir den Menschen helfen zu verstehen, dass es auf den Inhalt und nicht auf die Worte, die ihn beschreiben, ankommt.

Ich bin jetzt 14 Jahre alt und seit einem Jahr Buddhist. An meiner Schule bin ich der einzige Buddhist. Und jetzt möchte ich fragen, wie kann ich das als Einzelner leben?

Ich glaube, wenn du tief schaust, wirst du sehen, dass da mehr als nur ein Buddhist an deiner Schule ist. Sie haben sich noch nicht öffentlich als Buddhisten erklärt, aber viele Dinge, die sie tun und wie sie sich verhalten, sind möglicherweise sehr buddhistisch.

Wenn ihr mich anschaut, meint ihr vielleicht, ich sei nur ein Buddhist, aber das stimmt nicht. Ich bin mehr als nur Buddhist. Buddhismus setzt sich aus »Nicht-Buddhismus-Elementen« zusammen. Und wenn ihr andere spirituelle Traditionen studiert, wie das Christentum, das Judentum oder andere, kann es sein, dass ihr den Buddhismus noch viel tiefer versteht. Wenn ihr tief in eine Blume schaut, seht ihr die Elemente, die zusammengekommen sind, um die Blume möglich zu machen. Ihr könnt den Sonnenschein in der Blume sehen, die Wolke, ihr könnt die Erde und den Kompost in der Blume sehen, und das nennen wir die »Nicht-Blumen-Elemente« in der Blume.

Das Gleiche trifft auf den Buddhismus zu. Buddhismus ist aus »Nicht-Buddhismus-Elementen« zusammengesetzt. Wenn wir lernen, in der rechten Art zu denken, liebevoll zu sprechen und richtig zu handeln, dann wächst das buddhistische Element in uns.

Es gibt viele Menschen, die bezeichnen sich nicht als Buddhisten, aber die Art, wie sie sich verhalten, wie sie denken, wie sie sprechen ist sehr buddhistisch.

Ich schlage vor, du gehst zurück in deine Schule und versuchst tief zu schauen, ob du in den anderen Menschen buddhistische Elemente erkennen kannst. Du kannst zu jemandem gehen und sagen: »Lieber Freund, du nennst dich zwar nicht Buddhist, aber ich sehe viele buddhistische Elemente in dir.«

Und dann fühlst du dich nicht mehr einsam.

Wie wir das Leiden überwinden können

Die Erste Edle Wahrheit des Buddha ist Leiden. Meine Frage ist, was ist der Ursprung des Leidens?

Die Erste Edle Wahrheit beschreibt das Vorhandensein von Leiden und diese Wahrheit sollte verstanden werden. Zunächst müssen wir erst einmal wahrnehmen, dass Leiden vorhanden ist. Leiden ist in dieser Person, deshalb lässt sie mich und andere Menschen leiden. Wir müssen feststellen, dass Leiden vorhanden ist. Bevor wir nicht akzeptieren, dass Leiden da ist, können wir nichts tun. Wahrzunehmen, das Leiden da ist, ist schon sehr hilfreich. Wir hören dann vielleicht auf, zu beschuldigen, zu diskutieren, denn wir wissen, dass die andere Person leidet.

Nun gehen wir zur Zweiten Edlen Wahrheit über. Wir stellen die Frage, wie dieses Leiden entstanden ist, was seine Wurzeln sind, seine Ursachen. Das ist die Zweite Edle Wahrheit. Wir müssen üben, tief zu schauen, um die Zweite Edle Wahrheit zu erkennen.

Nehmen wir an, wir haben eine Depression. Die Depression entspricht der ersten Edlen Wahrheit. Wir müssen akzeptieren, dass eine Depression da ist. Ich stelle fest, ich akzeptiere, dass eine Depression vorhanden ist. Ich leugne sie nicht und so habe ich die Möglichkeit die zweite Edle Wahrheit zu entdecken. Wir üben tiefes Schauen, um die Gründe, die Ursprünge dieses Leidens zu sehen. Wir haben vielleicht auf eine Art und Weise gelebt – vielleicht die letzten sechs Monate –, die es dieser Depression ermöglicht hat, zu entstehen. Die Art und Weise, wie ich lebe, wie ich gehe, wie ich konsumiere, die Art und Weise, wie ich kommuniziere – ich muss diese Elemente anschauen, um die Wurzeln meiner Depression zu finden.

Der Buddha hat oft über die Zweite Edle Wahrheit gesprochen und dabei Begriffe aus der Ernährung verwendet. Er sagte, dass nichts ohne Nahrung überleben könne. Unsere Liebe kann ohne Nahrung nicht überleben. Damit unsere Liebe weiter existieren kann, müssen wir fortfahren, sie zu nähren. Was ist die angemessene Nahrung für unsere Liebe? Das müssen wir herausfinden, sonst wird unsere Liebe sterben und in Hass umschlagen.

Auch unsere Depression braucht Nahrung, um weiter zu bestehen. Wir müssen tief schauen, um die Art der Nahrung zu erkennen, die wir zur Ernährung unserer Depression zu uns genommen haben. Wenn wir das herausgefunden haben, können wir einfach damit aufhören, sie weiter zu nähren, und unsere Depression wird nach ein paar Wochen verschwinden, denn sie kann nicht ohne Nahrung überleben. Das ist die Zweite Edle Wahrheit: die Ursprünge unserer Nahrung finden und ihre Zufuhr dann unterbrechen.

Deshalb hat der Buddha gesagt: Nichts kann ohne Nahrung überleben. Die Zweite Edle Wahrheit kann so unter dem Aspekt der Nahrungszufuhr gesehen werden. Leiden ist da, weil Sie es gefüttert haben. Sie haben vielen Nahrungsquellen erlaubt, es zu füttern. Wenn wir jetzt intensiv praktizieren, können wir die Quellen dieses Leidens identifizieren, ihre Zufuhr unterbrechen und das Leiden wird vergehen. Leiden kann aus Missverständnissen, Vorurteilen, Gier, Diskriminierung herrühren – wir müssen die Nahrungsquellen identifizieren und entschlossen ihre Zufuhr unterbrechen. Deswegen ist diese Feststellung, die der Buddha gemacht hat, sehr tiefgründig. Wenn Sie wissen, wie Sie tief in Ihre Probleme hineinschauen und die Nahrungsquellen identifizieren können, die sie haben entstehen lassen, dann sind Sie am Anfang des Pfades der Befreiung. Tief in das Leiden zu schauen und die Nahrungsquellen des Leidens zu identifizieren – das entspricht der Zweiten Edlen Wahrheit. Das führt zur Transformation des Leidens.

Lieber Thay,
verstrickt im Stacheldraht eines ethnischen Konfliktes, Unrecht auf beiden Seiten ausmachend, vom Wunsch geleitet, als Einzelperson wirkliche Veränderungen herbeizuführen, Änderungen auch in einer Staatsform, die dabei ist, Unterdrückung zu zementieren, möchte ich die Funktion von Neutralität, den Zweck des Nicht-Urteilens verstehen.

Die Lehre des Buddha beruht auf der Grundlage, dass Leiden vorhanden ist. Wenn es kein Leiden gäbe, bräuchten wir die Lehre und die Praxis nicht. Weil wir leiden, praktizieren wir – wir beschreiten den Pfad der Praxis. Wenn wir dem Leiden, der Wut und Verzweiflung erlauben, uns zu überwältigen, haben wir nicht genug Klarheit, um den Pfad zu sehen. Das Erste, was wir tun sollten, ist Ruhe und Heiterkeit zu entwickeln, damit wir den Pfad erkennen können. Dies kann auf einer individuellen Basis, es kann aber auch kollektiv geschehen. Es kann innerhalb eines begrenzten Gebietes geschehen, oder auch außerhalb, denn wir können überall Freunde haben, wenn wir sie als solche erkennen. Wir können um Hilfe bitten, und wir werden Freunde haben, die uns unterstützen. Es gibt viele Möglichkeiten, aber das Wichtigste ist, genügend Frieden und Ruhe in uns aufzubauen, damit wir den Weg sehen, damit wir sehen, was getan werden muss und was wir unterlassen sollten. Sie möchten oft gerne etwas tun, aber ohne diese Klarheit werden Sie die falschen Dinge tun, selbst wenn Sie guten Willen haben. Wir haben so während der Zeit des Krieges in Vietnam praktiziert. In dieser Zeit konnten wir mithelfen, viele Menschen, die in den Kriegszonen lebten, zu retten. Wir konnten mithelfen, Boat People aus dem Meer zu retten. Wir müssen ruhig und klar sein, um zu wissen, was getan werden muss. Wenn ein Boot auf dem Ozean in einen Sturm gerät, werden die meisten Menschen in Panik geraten und das Boot dadurch zum Kentern bringen. Alle werden ertrinken. Aber wenn es eine Person gibt, die genügend spirituelle Autorität hat, um den Leuten zu vermitteln, ruhig zu bleiben, ist das eine Chance. Wenn wir uns engagiert für den Frieden einsetzen, sollten wir diese Person sein. Wir müssen diese Person sein, die ruhig ist, die klar ist. Glauben Sie nicht, dass Aktion alles ist. Ruhe und Klarheit sind sehr wichtig. Es ist nicht einfach, in einem Krieg Ruhe und Klarheit zu bewahren. Deswegen müssen wir praktizieren. Und wenn wir wissen, dass es auch andere Menschen gibt, die praktizieren, im eigenen Land und außerhalb, werden wir mehr Stärke bekommen. Deswegen ist eine Sangha sehr wichtig und entscheidend für die Lösung von Problemen. Uns klar zu sein, dass wir leiden, zu erkennen, dass auch die andere Seite leidet, ist sehr wichtig. Wir vergessen gewöhnlich, dass auch die andere Seite leidet. Wir sehen die andere Gruppe meist nur als Ursache für unser Leiden, unser Elend. Viele Menschen denken so und es ist unsere Pflicht, sie daran zu erinnern, dass sie nicht die Einzigen sind, die leiden. Aus dem Leiden heraus können wir viel Leiden bei anderen hervorrufen.

Leiden wahrzunehmen und dann seine Ursache zu erkennen – das ist die Zweite Edle Wahrheit (die Erste ist das Vorhandensein des Leidens). Wenn wir tief in die Ursachen des Leidens schauen, können wir Ärger, Wut und Verzweiflung erkennen – nicht nur eine bestimmte Politik. Eine politische Richtung ist nicht wirklich unser Feind, sondern die Wut, der Hass, die Verzweiflung, die hinter dieser Politik steckt. Ein Politiker oder eine Politikerin in einer Führungsposition sollte einen spirituellen Führer oder eine Führerin neben sich haben.

Der Politiker kann zugleich auch ein spiritueller Führer sein. Er oder sie sollte den spirituellen Führer in sich tragen. In jedem von uns gibt es mindestens drei Persönlichkeiten: den Kämpfer, den Mönch und den Künstler. Das ist wichtig. Der Künstler kann die Frische, den Sinn des Lebens, die Freude verkörpern; der spirituelle Führer die Ruhe, die Klarheit, die tiefe Einsicht, und der Kämpfer ist der, der entschlossen voranschreitet. Wir sollten alle drei Persönlichkeiten in uns mobilisieren und keinen sterben oder zu schwach werden lassen. Wenn Sie Friedensaktivist, soziale Aktivistin, eine politische Führungsperson oder der Leiter einer Gemeinschaft sind, sollten Sie wissen, wie Sie diese drei Personen in sich kultivieren können. Sie sollten für die Menschen ausgleichend wirken.

Es gab Zeiten, da sah es so aus, als ob der Krieg in Vietnam niemals enden würde. Verzweiflung machte sich breit, besonders unter den jungen Leuten. Ich erinnere mich, dass die jungen Menschen zu mir kamen und fragten: »Thay, glaubst du, das der Krieg eines Tages aufhören wird?« Es sah damals nicht so aus, als ob der Krieg jemals enden würde, eher so, als ginge er bis in alle Ewigkeiten weiter. Es war sehr schwierig für mich, eine Antwort zu finden. Aber nach einigen Atemzügen konnte ich sagen: »Liebe Freunde, ihr wisst, dass alles vergänglich ist, auch der Krieg. Es ist nicht wichtig, eine Antwort auf diese Frage zu geben, es ist wichtig, ob wir in unserem täglichen Leben praktizieren, damit Mitgefühl überleben kann, damit Ruhe und Klarheit weiterhin vorhanden sind. Und wenn diese Dinge am Leben erhalten werden, muss es Hoffnung geben.« Der schlimmste Feind ist die Verzweiflung. Deshalb hören Sie nicht auf zu hoffen. Was unsere Hoffnung nährt, ist unsere Praxis. Unsere Praxis des Beruhigens und tiefen

Schauens. Mit dieser Ruhe, dieser tiefen Einsicht, dieser Offenheit können wir wachsen. Wir können sowohl quantitativ als auch qualitativ wachsen. Es wird viele Menschen in unserem Land und auch anderswo geben, die mit uns sind. Es gibt so viele Menschen, die bereit sind, etwas für den Frieden zu tun. Wir sollten uns nicht zu einsam fühlen. Die Versuchung ist immer da, die Versuchung zu verzweifeln, die Versuchung, Gewalt anzuwenden. Sie sind immer da. Aber wenn der Mönch und der Künstler in uns lebendig sind, dann wird der Kämpfer die Richtung, die zu gehen ist, genau wissen.

Ich erinnere mich, dass wir in Vietnam viele Zusammenkünfte junger Leute hatten. Es gab eine Bewegung für Frieden und Versöhnung; sie war gefangen zwischen den Krieg führenden Seiten. Die Menschen darin wurden von beiden Krieg führenden Parteien brutal misshandelt und unterdrückt. Wenn Sie zu einer Partei gehören, werden Sie wenigsten von dieser einen Partei beschützt. Wenn Sie aber für den Kurs der Versöhnung, des Friedens sind, können Sie keiner Partei angehören. Deswegen ist es sehr schwierig, eine gewaltlose Bewegung für Frieden und Versöhnung zu leiten. Jedes Mal, wenn wir uns treffen, beginnen wir damit, stilles Sitzen zu üben, wir rezitieren und wir singen, damit wir sicher sind, dass wir immer noch da sind, lebendig, uns gegenseitig unterstützen, und erst danach fangen wir an zu diskutieren, was zu tun ist. Immer auf diese Weise. Diese Ratschläge rühren also aus unseren eigenen Erfahrungen.

In Vietnam war es wegen der Zensur sehr schwierig, mit dem Ausland in Kontakt zu treten. Doch auch außerhalb des Landes sind sehr viele Menschen bereit, uns zu helfen, uns zu unterstützen, wenn wir einen Weg gehen, der den wirklichen Bedürfnissen der Menschen entspricht. Ich denke, die Tatsache, dass einige israelische und palästinensische Freunde nach Plum Village kommen, ist sehr bedeutsam. Wir lernen, miteinander zu sitzen, miteinander zu atmen, miteinander zu sprechen. Wir können dann weitergehen, können andere Leute einladen, Zeugen zu sein und uns zu unterstützen. Es ist für uns möglich, unseren Frieden, unsere Hoffnungen, unseren Weg zu einem größeren Thema zu machen. Wenn wir das Richtige tun, wird uns jemand helfen und den richtigen Pfad aufzeigen. Vielleicht können wir über ein nächstes Zusammentreffen nachdenken, möglicherweise in Plum Village, wo viele Leute daran teilnehmen können, und wir können Journalisten zu uns einladen, um von uns zu lernen und unsere Gefühle, unseren Frieden, unsere Hoffnung der Welt zu übermitteln.

Eines Tages werden vielleicht einige Länder zu Veranstaltungen einladen, wie wir sie hier in Plum Village durchführen, so dass die höchsten Vertreter aller Parteien zusammenkommen können. Sie werden zusammen sitzen, atmen und auf diese Art und Weise eine andere Dimension in die Friedensaktivität einbringen – eine spirituelle Dimension.

Lieber Thay,
ich arbeite auf einer Entbindungsstation. Meistens ist es eine sehr freudige Arbeit, aber manchmal ist sie auch sehr traurig. Wenn ein Baby tot geboren wird, fühle ich mich sehr hilflos. Oder wenn das Baby mit schweren Behinderungen geboren wird oder mit einem Syndrom, Down-Syndrom zum Beispiel – dann fühle ich mich sehr durcheinander. Diesen Frühling wurde ich recht oft mit diesen Dingen konfrontiert. Eine Woche, bevor ich hierher kam, wurde das Baby meiner Freundin mit einer schweren Behinderung geboren und starb nach vier Tagen. Eltern haben große Erwartungen während der Schwangerschaft, und sie hoffen auf ein gesundes Kind. Tod oder Krankheit sind dann ein großer Schock. Wie kann ich diesen Eltern am besten helfen? Was kann ich sagen?

Hier ist der Brief eines Elternteils:
Wie gehe ich mit Anhaftung um? Ich habe eine kleine Tochter, die eine unheilbare Krankheit hat. Wenn ich mich um sie kümmere, ist es ein Liebesdienst, etwas, das ich aus Liebe tue. Die Vorstellung, dass sie vor mir sterben könnte, ist unerträglich.

Zu praktizieren heißt, genügend Verstehen zu haben, um unser Mitgefühl aufrechterhalten zu können. Verstehen wird uns sehr helfen. Wenn Verstehen da ist, werden wir sehr viel weniger leiden. Verstehen nährt auch unser Mitgefühl. Liebe kann leicht mit Anhaftung überfrachtet sein. Wenn unsere Liebe von Verständnis getragen ist, dann wird sie nicht so viel Leid und Kummer mit sich bringen.

Bevor ich auf die Welt kam, war meine Mutter mit einem anderen Kind, einem anderen Jungen, schwanger, aber sie erlitt eine Fehlgeburt – er ist nicht geblieben. Bald darauf manifestierte ich mich. Während meiner Zeit als junger Mönch fragte ich mich, ob er und ich verschiedene Personen seien oder nicht. Vielleicht war ich er und hatte entschieden, mich noch nicht zu manifestieren. Ich hatte mich zurückgezogen und noch ein wenig gewartet. Man kann sich solche Fragen stellen. In meiner Klause sah ich am Anfang des Frühlings Knospen aus einem Busch sprießen. Ich freute mich darüber, ein paar Äste davon zum Schmuck der Buddha-Halle und der Meditationshalle zu haben. Es war noch sehr früh im Jahr. Auf einmal wurde es wieder sehr kalt und alle Blüten starben. An diesem Morgen während der Gehmeditation sagte ich mir: »Oh, keine Blumen mehr, keine Blumen für die Meditationshalle. Vielleicht wird es dieses Jahr keine Blüten mehr geben.« Eine ganze Woche lang blieb es kalt. Ein paar Wochen später wurde es wieder warm, und als ich eines Tages Gehmeditation machte, sah ich die Blütenknospen wieder hervorsprießen. Ich erinnerte mich an die Worte des Buddha: »Wenn die Bedingungen nicht ausreichen, wird eine Manifestation nicht stattfinden. Wenn es eine Bedingung gibt, die nicht günstig ist, wird die Manifestation beendet, um der Manifestation die Möglichkeit zu geben, sich etwas später zu zeigen.« Als ich an diesem Tag Gehmeditation im Garten praktizierte, sah ich neue Knospen am Busch. Und sie blieben. Wenn ein Kind sich entschließt, nicht zu bleiben, bedeutet dies, dass noch nicht die richtige Zeit für das Mädchen oder den Jungen gekommen ist. Es kann sich zurückziehen und auf eine andere Zeit warten, um wiederzukommen. Wenn Sie die Dinge so sehen können, wenn Sie sehen können, dass ich mein Bruder bin, dann werden Sie weniger leiden. Sie müssen dem Kind glauben, dass es gedacht hat, es sei noch nicht der richtige Zeitpunkt, sich zu manifestieren. Erlauben Sie es ihm, sich später zu manifestieren, vielleicht auch in einer anderen Form. Manchmal möchte er sich vielleicht lieber als Mädchen manifestieren, manchmal als Junge. Wir erlauben dem Kind, eine neue Chance wahrzunehmen.

Es gab einen jungen Mann, der während der ersten Jahre häufig nach Plum Village kam. Er war dann schwer krank geworden und starb und er hatte seine Nieren einem kleinen Jungen in Belgien gespendet. Einen Tag nach der Einäscherung kam sein Vater in das Upper Hamlet, und ich lud ihn ein, Gehmeditation mit mir zu üben. Ich schlug ihm vor, achtsam zu gehen und seinen Sohn in anderen Manifestationsformen zu erkennen. Denn man kann nicht ETWAS zu NICHTS reduzieren. Die Person, die Sie lieben, hat sich verborgen oder manifestiert sich in einer anderen Form. Mit Hilfe der Praxis können Sie ihn oder sie in anderen Formen wahrnehmen. Er ist auch in Ihnen selbst und wartet auf eine neue Chance, sich zu manifestieren. Er hat sich vielleicht auch schon in einigen Formen manifestiert. Es ist wichtig, aufmerksam zu sein und ihn oder sie im Hier und Jetzt zu erkennen und wahrzunehmen.

Sie haften zum Beispiel an dieser Wolke; sie ist schön. Aber diese Wolke ist zu Regen geworden. Weil Sie aber so an dieser bestimmten Erscheinung, dieser Manifestation, hängen, können Sie sie nicht im Regen wiedererkennen oder im Schnee. Die Wolke in ihrer neuen Manifestation ruft Sie, lächelt Sie an, aber Sie sehen sie nicht. Sie bleiben zurück, Sie können den Ereignissen nicht folgen. Die Wolke ist immer noch da, sie lächelt Sie im Regen an, aber Sie ignorieren das. Ihr geliebter Mensch lächelt Ihnen vielleicht gerade im Hier und Jetzt zu. Weil ihre Augen aber nicht die Augen des Buddha sind – der Buddha hat Ihnen seine Augen gegeben, aber Sie haben sie nicht genutzt, um zu schauen –, sind Sie in Ihrer Trauer und Ihrem Unglück gefangen.

Wenn uns oder unser Kind ein Unglück befällt, wissen wir, dass dies nicht der Fehler einer bestimmten Person ist. Wir alle sind auf eine bestimmte Art und Weise verantwortlich.

Während des Vietnamkrieges wurden viele Chemikalien über den Bergen und über die Wälder versprüht; sie sind in die Erde eingedrungen. Viele Mütter haben behinderte Kinder zur Welt gebracht. Dies ist nicht der Fehler einer bestimmten Person. Krieg ist etwas, das wir nicht wollen, und doch haben wir in Unachtsamkeit und Vergessenheit gelebt, so dass wir Krieg ermöglichten – nicht nur damals, auch heute. Wir sind so beschäftigt, wir lassen es zu, dass dies geschieht, dass es weitergeht. Nicht nur die Regierungen sind dafür verantwortlich, die politischen Parteien, die Soldaten; die ganze Nation ist verantwortlich, und auch die Menschen anderer Nationen sind verantwortlich. Deshalb ist das Leiden des Kindes unser eigenes Leiden. Wir müssen es als unser Leiden erkennen. Wir wissen, dass unser Kind jetzt nicht leidet, weil es nicht weiß, dass es ein behindertes Kind ist. Aber wenn das Kind aufwächst, wird es feststellen, dass es anders ist als andere Kinder, und es wird leiden. Mutter und Vater sollten sich darauf vorbereiten.

Wenn Sie lächeln können, lächeln Sie für alle. Jeder wird von ihrem Lächeln profitieren. Wenn Sie leiden, leiden Sie für alle, denn Sie sind nicht der Einzige, der für Ihr Leiden verantwortlich ist. Andere Menschen um Sie herum sind mitverantwortlich. Wenn Sie Ungerechtigkeit ertragen müssen, wenn Sie leiden müssen, seien Sie sich bewusst, dass Sie für viele Menschen mitleiden. Ein behindert zur Welt gekommenes Kind in Vietnam – es ist nicht sein Fehler –, aber es muss das Leiden aushalten. Und es leidet für jeden, es leidet für uns, für das Fehlen unserer Achtsamkeit. Wenn es das weiß, wird es weniger leiden. Wenn wir wissen, dass wir die Verantwortung annehmen müssen, müssen wir es beachten, es wahrnehmen und wir müssen ihm sagen, dass wir mitverantwortlich sind, dass wir mit ihm leiden. Das Kind leidet für uns alle. Das ist die einzige Art und Weise, diesem behinderten Kind zu helfen, weniger zu leiden. Denn so etwas kann nicht ohne Ursachen geschehen. Durch unsere unachtsame Art zu leben haben wir die meiste Zeit Elend und Not in uns und in anderen Menschen hervorgebracht, unsere Kinder mit eingeschlossen. Deswegen ist Glück keine individuelle Angelegenheit und auch das Leiden ist es nicht. Wenn wir die Dinge im Lichte des Interseins sehen, werden wir weniger leiden, und wir werden dabei helfen, dass andere weniger leiden.

Ein Krieg wie der in Vietnam wird weiterhin vielen Generationen Leid bringen. Wir sollten achtsam genug sein, sorgsam genug, nicht wieder einen solchen Krieg herbeizuführen. Dies ist die Einsicht und Weisheit, die wir zum Wohl unserer Kinder kultivieren müssen. Das betrifft jeden, nicht nur dieses bestimmte Kind. Dieses bestimmte

Kind leidet für uns alle, und wir müssen bei ihm sein, um ihm zu danken, dass es für uns alle leidet. Wir wollen unser bestes tun, damit wir nicht dieselben Fehler wiederholen.

Auch wenn Thich Nhât Hanh sagt, da ist kein Konflikt zwischen dem Leiden und »diesen Augenblick genießen«. Bei mir ist da ein riesiger Konflikt, ich kann das überhaupt nicht. Dieses Leiden kommt und schwemmt mich hinweg. Ich sitze in der Sonne und denke, wie kann ich die schöne Sonne genießen, wenn da draußen Menschen sind, denen es schlecht geht. Ich habe auch beruflich mit Menschen zu tun, mit den Jahren geht mir das immer näher und näher, und für mich stellt sich die Frage: Gehe ich raus aus der Situation, dann helfe ich ja nicht mehr – das ist ja wahrscheinlich auch nicht der Sinn –, oder wie kann ich damit umgehen?

Als ich ein junger Mönch war, verstand ich nicht, wieso der Buddha immer lächelte. Ich fragte mich, ob sich der Buddha des Leidens bewusst ist, das sich überall auf dieser Welt ausbreitet. Wie kann er immer lächeln? Schließlich fand ich heraus, dass der Buddha niemandem helfen könnte, würde er weinen.

Wir müssen unsere Freude und unser Lächeln immer wieder nähren, um die Kraft zu haben, anderen zu helfen. Unsere Praxis ist es, uns tagtäglich so zu ernähren, dass wir genug Freude, genug Nahrung für uns selbst bekommen. Wenn wir das nicht tun, dann werden wir ganz schnell von dem Leiden, das uns umgibt, überwältigt.

Für Menschen im psychotherapeutischen Bereich zum Beispiel ist dies ein ganz wichtiger Rat. Wenn sie nicht wissen, wie sie sich selber nähren und schützen können, dann können sie nicht sehr weit kommen. Sie werden schnell zu Opfern der Verzweiflung, denn sie erlauben dem Leiden, jeden Tag in ihr Bewusstsein einzusickern. Sie sollten für sich selbst die Kunst erlernen, Freude zu kultivieren, und sie sollten auch ihren Patientinnen und Patienten helfen, Freude zu erfahren.

Wenn eine Person zu einem Therapeuten kommt, sollte der Therapeut sehen, dass in der Person nicht nur Leiden ist, sondern ihr auch der Samen der Freude innewohnt. Der Therapeut sollte fähig sein, den Samen der Freude in dieser Person zu berühren, und ihr helfen, dass dieser Same der Freude sich manifestiert.

Die Therapeutin sollte der Person helfen, so zu gehen, ihren Tee so zu trinken, ihr Frühstück so zu genießen, dass Freude und Frieden möglich werden, während sie dies tut. Die Therapeutin sollte fähig sein, selbst diese Dinge zu tun, bevor sie andere dazu ermutigt. Die Therapeutin sollte ihre eigenen Grenzen kennen. Sie sollte nicht mehr tun, als ihr möglich ist, sonst wird sie sich sehr schnell übernehmen. Ich glaube, der Buddha hat ebenso praktiziert. Er nahm sich Zeit für sich selbst, hatte Zeit für Sitzmeditation, für Gehmeditation, Zeit in Stille zu essen. Weil es ihm möglich war sein Lächeln zu bewahren, konnte er vielen Lebewesen helfen.

Und Sie sind die Fortführung des Buddha – Sie sollten es genauso machen.

Lieber Thay,
wie kann man jemandem zuhören, ohne dessen Probleme zu den eigenen zu machen? Manchmal höre ich Menschen zu, wenn sie über ihre Probleme erzählen, und dann fühle ich Leiden, das vielleicht gar nicht da ist, nur weil ich es mir vorstelle. Ich weiß, dass ich den anderen nicht helfe, wenn ich mitleide. Ich helfe auch mir selbst nicht, ich helfe eigentlich niemandem. Wie kann ich aufhören, dies zu tun?

Es gibt sehr viel Leiden in der Welt und um uns herum. Und es gibt Leiden in uns selbst. Das ist die Wahrheit. Aber es ist nicht die ganze Wahrheit, denn es gibt genauso Samen der Freude, des Mitgefühls, des Verstehens in uns und in anderen. Deshalb sollten wir unser Leben so leben, dass die Samen der Freude, des Mitgefühls, des Friedens jeden Tag gewässert werden. In uns und in den anderen, damit wir ein Gleichgewicht schaffen können und wir dem Leiden nicht erlauben, uns zu überwältigen. Das ist der Schlüssel für das Problem. Deswegen sollten wir uns, während wir sitzen und zuhören und mit anderen reden, daran erinnern, dass das Sprechen über das Leiden nur ein Teil ist, wir sollten diesem Teil nicht die ganze Zeit widmen. Wir sollten unsere Zeit der Fähigkeit, glücklich zu sein, zu heilen und uns zu verändern, widmen. Natürlich lernen wir in einem Praxiszentrum wie Plum Village dem Leiden der anderen Menschen sowie unserem eigenen zuzuhören. Wir praktizieren keine Unterdrückung des Leidens. Wir hören unserem eigenen und dem Leiden der anderen zu. Aber wir verbringen auch ganz viel Zeit damit, die Wunder des Lebens in uns und in unserer Umgebung zu berühren. Bei der Gehmeditation versuchen wir so zu gehen, dass das Gehen uns heilen und nähren kann, während wir mit den Wundern des Lebens in Berührung kommen, mit dem Reich Gottes, mit dem Reinen Land des Buddha. Die Kunst liegt darin, unsere Zeit intelligent zu nutzen, sie so aufzuteilen, dass wir die positiven Samen in uns nähren, um sie zu stärken, damit wir mit der negativen Energie in uns umgehen können. Wenn diese positive Energie nicht stark genug in uns ist, sollten wir für eine Weile aufhören, dem Leiden zuzuhören. Das ist gerade auch für Psychotherapeuten sehr wichtig, denn sie haben auch ihr eigenes Leiden und das Leiden ihrer Angehörigen. Wenn sie nicht wissen, wie sie sich durch die Praxis stärken können, werden sie nicht fähig sein, die Energie der Freude, des Friedens, des Mitgefühls in sich zu generieren, um sich zu schützen. Sie werden es dem Leiden der anderen erlauben, sie zu überwältigen. Sie werden eines Tages krank werden und nicht mehr fähig sein, anderen Menschen zu helfen. Deshalb sollten Psychotherapeuten, die dem Leiden anderer zuhören, doppelt üben. Sie üben für sich selbst und ebenso für ihre Patienten.

Vielleicht möchten Sie darüber nachdenken, wie Sie Ihr Leben so planen können, dass diese Art von Balance vorhanden ist. Zunächst die positiven Samen berühren und dann die negativen. Mit der Sangha, der Gemeinschaft derer, die gemeinsam üben, ist es leichter, dies zu tun. Denn Sie werden von einem Freund, Bruder oder einer Schwester erinnert, nicht im Leiden zu verweilen, und darin unterwiesen, was Sie tun können, um das Leiden zu verwandeln. Aber auch darin, zu heilen, zu nähren und Liebe, Frieden und Glück zu stärken.

Ein heilsamer Umgang mit Emotionen und Gefühle

Thay, was ist der Grund für unsere Emotionen? Warum drücken wir unsere Emotionen physisch durch Weinen und Schluchzen aus, wenn wir traurig sind, und zittern oder schwitzen, wenn wir Angst haben?

Der Körper wird in alle unsere Empfindungen und Emotionen mit einbezogen. Was im physischen Bereich geschieht, hat einen Effekt auf den mentalen Bereich und umgekehrt. Selbst wenn Sie ihre Emotionen nicht physisch ausdrücken wollen, wird ihr Körper dies trotzdem tun.

Als Übende sollten wir uns auf die positiven Elemente in uns besinnen, sowohl auf die physischen als auch auf die mentalen, wenn wir in eine Krise geraten. Das ist intelligente Praxis. Wir haben verletzliche Elemente im Bereich des Bewusstseins oder im körperlichen Bereich, aber wir haben auch Elemente, die stabil sind und auf die wir uns in Krisenzeiten verlassen können. Wenn wir in eine Krise geraten, sollten wir den negativen Dingen nicht erlauben, uns zu überwältigen. Menschen, die nicht praktizieren, werden leicht überwältigt und können sich im Leid und Schmerz einigeln. Damit rufen Sie auch Leiden bei Menschen in ihrem Umfeld hervor. Für uns Übende ist dies nicht der Weg. Wir werden uns auf die positiven Aspekte in uns besinnen, um Hilfe zu erhalten, und wir haben auch das Recht, uns auf positive Aspekte in unserem Umfeld zu beziehen, zum Beispiel in unserer Sangha, bei unseren Brüdern und Schwestern. Schließen Sie sich nicht hinter Ihrer Tür ein, um alleine zu kämpfen.

In Ihnen ist die Energie der Achtsamkeit, die Energie des Verstehens, die Fähigkeit in Frieden zu sein. Sie haben bewiesen, dass Sie lächeln können, friedvoll sein können – Sie haben es schon einige Male bewiesen, dass Sie in Zeiten der Krise fähig sind, achtsam zu atmen. Das ist Ihre natürlich vorhandene Fähigkeit, das ist nichts Oberflächliches. Sie ist nicht da, um Sie zu unterdrücken oder Sie dazu zu bringen, etwas Unnatürliches zu tun. Sie ist genauso natürlich wie die negativen Dinge. Jedes Mal wenn Sie das Gefühl haben, dass eine zerstörerische Energie in Ihnen aufkommt und sich ein Sturm zusammenbraut, dann können Sie sich darauf vorbereiten, um für den Sturm gerüstet zu sein. Ihre Fähigkeit, achtsam zu atmen, wird Ihr Haus, Ihr Zelt sein, wenn der Regen einsetzt und der Wind aufkommt. Dann sollten Sie wissen, was zu tun ist, um dem Sturm zu begegnen. Wir sollten nichts bekämpfen, nichts unterdrücken, wir sollten bereit sein, uns um das, was da aufkommt, zu kümmern und es zu umarmen, egal ob es sich um Angst, Verzweiflung, Wut oder Eifersucht handelt.

Unser Körper ist vielleicht fähig, eine stabile Haltung einzunehmen, die uns dabei helfen kann. Die Haltung unseres Körpers spielt durchaus eine Rolle bei unserem Umgang mit den Emotionen, den Gefühlen. Achtsam zu gehen ist ein wunderbares Mittel, um uns vorzubereiten. Zu unserem Atem zurückzukehren, achtsam und tief zu atmen ist eine wundervolle Übung. Wenn wir wissen, wie wir all diese Elemente mobilisieren können, werden wir keine Angst mehr haben, egal welche Emotion, welche Empfindung, welche Angst oder Verzweiflung aufkommt. Wir werden bereit sein, sie zu begrüßen und sie zu umarmen: »Liebling, ich bin da für dich, ich werde mich gut um dich kümmern« – so wie eine Mutter sich um ihr Kind kümmert. Ich schlage immer wieder vor, täglich zu praktizieren, um für die schwierigen Momente vorbereitet zu sein. Wir sollten nicht auf das Aufkommen dieser starken Stürme warten, um die Übung zu beginnen – es könnte etwas zu spät sein.

Wenn starke Emotionen aufkommen, sollten wir uns in eine stabile Lage bringen und nicht auf der Ebene unserer Gedanken und Gefühle verweilen, wir sollten tiefer gehen, denn wir sind wie ein Baum mit seinen Wurzeln. Das ist die Praxis.

Im Buddhismus wird Stolz als eine Emotion angesehen. Wenn wir diese Art von Emotion haben, sehen wir sie oft nicht, es ist sehr schwierig diese Art von Emotion zu erkennen. Während ich praktizierte, konnte ich Schritt um Schritt feststellen, dass ich Stolz in mir hatte, und ich konnte auch erkennen, dass Stolz eine starke Quelle für Leiden ist. Meine Frage ist – weil ich weiß, dass ich immer noch Stolz in mir habe –, wie kann ich den Stolz erkennen?

Meine zweite Frage lautet: Wenn ich mit jemandem zu tun habe, der stolz ist, aber behauptet, nein, nein, ich bin gar nicht stolz, finde ich es sehr schwierig, mit ihm zu kommunizieren, weil er es gar nicht wahrnimmt. Ich weiß dann nicht, was ich tun soll.

Ich glaube, Stolz ist zu allererst eine Ansicht, der eine Emotion folgen kann. Stolz ist eine Sicht, die auf der Vorstellung von einem Selbst beruht. Die buddhistische Lehre des Nicht-Selbst ist die Grundlage für unsere Übung. Ich glaube, dass die moderne Psychotherapie sehr viel von dieser Lehre lernen kann. Der Lehre des Buddha zu Folge ist alles miteinander verbunden, es gibt kein getrenntes Selbst. Auch Sie selbst sind aus »Nicht-Sie«-Elementen zusammengesetzt. Warum sollten Sie stolz darauf sein? Die Praxis der Erdberührung in Plum Village ist sehr tiefgründig, sehr effektiv. Ein paar Tage der Übung können Sie schon verändern. Wenn Sie die Erde tief berühren, ergeben Sie sich. Sie geben alles an die Erde ab: Ihre Form, Ihre Gefühle, Ihre Wahrnehmungen und so weiter. Ihre Form, Ihr Körper, gehört Ihnen nicht. Ihr Körper ist Ihnen gegeben worden von der Erde, vom Himmel, von Ihren Eltern. Er ist nicht Ihr Besitz. Warum sollten Sie stolz auf diesen Körper sein? Mit Ihren Wahrnehmungen ist es genauso. Sie sind vielleicht intelligent, Sie mögen eine Menge wissen, aber das sind nicht Sie, das ist Ihnen von ihren Ahnen, der Erziehung, Ihrem Umfeld übertragen worden. Wenn Sie also bei dieser Übung eine Berührung durchführen, berühren Sie den Boden mit Ihren Füßen, Ihren Händen, auch mit Ihrem Kopf, und Sie öffnen Ihre beiden Hände und sagen: Ich habe nichts, worauf ich stolz sein könnte. Wenn ich die Erde berühre, öffne ich meine Hände und zeige dem Buddha: »Lieber Buddha, ich habe gar nichts, ich bin ganz leer, ich bin nicht stolz auf irgendetwas. Was vorhanden ist, ist nicht mein Besitz. Wenn es mir möglich ist, einer anderen Person zu helfen, dann liegt es an dir, an meinen Ahnen, die durch mich wie ein Instrument arbeiten. Selbst meine Schwäche gehört nicht mir. Sie ist mir übertragen worden. Deshalb schäme ich mich nicht dafür. Ich übe, um meine Schwäche in meine Stärke zu verwandeln. Es stört mich nicht, ob noch Schwächen in mir sind oder ob ich eine Menge Talente habe. Sie sind leer von einem eigenständigen Selbst.« Die Erde auf diese Weise zu berühren ist eine Möglichkeit zu erkennen, dass wir leer von einem eigenständigen

Selbst sind. Das ist eine Hilfe, damit Sie mit Ihrer Vorstellung eines Selbst umgehen können. Wir können jeden Tag üben.

Gemäß der modernen Psychotherapie sind Sie krank, wenn Sie wenig Selbstwertgefühl haben. Sie glauben dass Sie minderwertig sind, dass Sie nichts wert sind, Sie haben einen Minderwertigkeitskomplex und deshalb gelten Sie als krank. Heilen bedeutet in diesem Fall, dass Sie ein größeres Selbstbewusstsein entwickeln sollen. Sie werden dieser Vorstellung zu Folge ein gesünderer Mensch werden, wenn Sie dieses Minderwertigkeitsgefühl überwinden.

Für den Buddha aber ist auch ein großes Selbstbewusstsein ungesund. Wer sind Sie, dass Sie glauben könnten, Sie seien anderen Menschen überlegen? Denn alles, was aus Ihnen hervorgeht, gehört Ihnen ja gar nicht. Sie haben es nur von Ihrem Lehrer, Ihren Ahnen, Ihrer Umgebung und so weiter erhalten. Zu glauben, dass Sie minderwertig sind, ist krankhaft, zu glauben, dass Sie überlegen sind, ist ebenso krankhaft. Und zu glauben, dass Sie gleich sind, ist ebenso krank – im Lichte des Buddhismus. Ich bin wie er, ich bin ihr gleich – das ist auch krank. Wenn Sie tief in die Natur des Interseins schauen, können Sie sehen, dass Sie und er eins sind. Sie haben keinen Komplex. Wenn er bestimmte Qualitäten hat, genießen Sie sie. Wenn sie irgendwelche Schwächen hat, wissen Sie, dass das natürlich ist. Sie können ihm oder ihr helfen – das ist gut. Wenn wir also auf unsere Tochter schauen, können wir sehen, dass wir keine getrennten Einheiten sind. Wir sind in ihr und sie ist in uns. Das Talent in ihr ist unser Talent, die Schwäche in uns ist seine Schwäche. Mit dieser Vision sind Sie frei von Stolz. Das Problem des Stolzes ist ohne die Vorstellung des Nicht-Selbst nicht zu lösen. Die Lehre des Nicht-Selbst ist sehr wichtig.

Wenn wir nicht üben, ändert sich die Situation auch nicht. Wir verstehen die Lehre, aber wir müssen unser tägliches Leben so leben, dass die Lehre sichtbar wird. Sie sollten mit Ihrer Schwester so zusammenleben, dass Sie beweisen, dass es keine Trennung zwischen Ihnen und Ihrer Schwester gibt. Das Leiden der Schwester ist Ihr Leiden, ihre Freude ist Ihre Freude. Sie müssen sich so um Ihre Schwester kümmern wie um sich selbst. Dies ist unsere tägliche Praxis. Dasselbe sollte zwischen Vater und Sohn, Mutter und Tochter, Lehrer und Schüler möglich sein. Wenn ich einen Schüler sehe, der nicht genügend gefestigt ist, sage ich mir, wir sollten beide ausreichend Zeit haben, um uns um diesen Aspekt des Gemeinschaftslebens zu kümmern. Der Lehrer und seine anderen Schüler sollten sich um diesen Schüler kümmern, der ein wenig mehr Stabilität und Festigkeit braucht. Wir sehen die fehlende Stabilität als unsere eigene an. Deswegen tadeln wir den anderen nicht, wir versuchen immer zu helfen. Mit der Einsicht in das Nicht-Selbst, das Intersein, sollten wir fähig sein zu wissen, was zu tun und was zu unterlassen ist, damit wir gute Beziehungen aufbauen. Ohne gute Beziehungen, ohne eine gute Kommunikation kann nichts geschehen. Die Art, wie wir reden, wie wir zuhören, offenbart, dass wir die Einsicht in das Nicht-Selbst verinnerlicht haben.

Viel Glück.

Oft bin ich von einer großen Traurigkeit und Hilflosigkeit überwältigt. Als wir jetzt zum Beispiel achtsames Essen praktiziert haben, habe ich an Menschen gedacht, die nicht die Möglichkeit haben, ein so schönes Essen zu genießen. Dann bete ich sehr intensiv, dass dieses Essen alle anderen Wesen so nähren soll, wie es mich nährt. Das ist nur ein Beispiel, das mir gerade einfällt. Oft überkommt mich eine Traurigkeit, wenn ich sehe, wie viel Leid es gibt, und wenn ich höre, wenn Menschen von ihrem Leid erzählen. Ich bin mir unsicher, wie ich damit umgehen kann oder wie ich dieses Gefühl vielleicht verwandeln kann. Ich bete darum, dass ich fähig werde, damit sinnvoll umzugehen.

Wenn Sie das langsame Gehen oder das Essen genießen, dann laden Sie dabei alle Ihre Vorfahren ein, das Gehen oder das Essen zu genießen. Das ist schon sehr viel. Und wenn Sie Freude, Stabilität und Mitgefühl haben, dann wird diese Freude, diese Stabilität, dieses Mitgefühl anderen Menschen helfen.

Ein Freund von Ihnen hat vielleicht den Wunsch, so glücklich, stabil, mitfühlend und freudig zu sein wie Sie, und Sie können ihm dabei helfen, in diese Richtung zu gehen und diese Eigenschaften zu entwickeln.

Wenn Sie sich in einer Situation befinden, in der Sie Mitgefühl entwickeln und helfen können, Mitgefühl auch in anderen zu kultivieren, dann ist das bereits eine große Chance, die Glück und nicht Traurigkeit bei Ihnen hervorrufen sollte. Sie haben einen Ausweg gesehen, und Sie können anderen dabei helfen, diesen Weg zu gehen. Das Wichtige ist, mehr Freude, mehr Mitgefühl, mehr Stabilität zu entwickeln, damit Sie in Zukunft immer mehr Menschen helfen können.

௳

Ich habe Brustkrebs mit Metastasen in drei Organen. Ich habe sehr große Angst. Mein Vater ist im Alter von 50 Jahren auch an Krebs gestorben, aber meine Mutter lebt noch und sie ist 83 Jahre alt. Ich habe Angst, dass die Tumore sich weiter ausbreiten.

Ich glaube, dass Angst den Prozess der Heilung nicht voranbringt. Ich glaube, dass Sie den Prozess der Heilung mit Hilfe der Achtsamkeitspraxis einleiten können. Wenn Sie einatmen, können Sie mit Ihrer Mutter in Berührung kommen: »Mutter, einatmend bin ich in jeder Zelle meines Körpers mit dir in Berührung. Ich weiß, dass du alt geworden bist, dass du einen starken Körper hast und dass all deine Zellen auch in mir sind.« Auch wenn Ihre Mutter noch am Leben ist, können Sie zu ihr beten: »Meine Mutter in mir, bitte hilf mir, bitte handle.« Diese Art von Achtsamkeit wird die starken Zellen Ihrer Mutter in Ihnen aktivieren, so dass diese Zellen zu Ihrer Heilung beitragen können. Der Prozess der Heilung beginnt ebenso damit, heilsame Gedanken zu produzieren. Wir senden die Energie der Liebe und der Freundlichkeit an Menschen, die wir lieben – und wir tun das täglich. Wir senden die Energie der Liebe an all die Menschen, die zum Beispiel in Kriegen sterben – im Irak, im Mittleren Osten. »Möge der Krieg im Mittleren Osten beendet werden, mögen die Menschen im Irak friedlich und sicher leben.« Und wir können unsere liebende Güte an die Person senden, die uns Leiden zugefügt hat. »Ich weiß, dass du nicht glücklich bist, deshalb verursachst du dir selbst Leiden und lässt Menschen um dich herum leiden. Aber ich möchte nicht, dass du leidest, ich möchte dich nicht bestrafen. Ich weiß, du würdest die Menschen um dich herum nicht unglücklich machen, wenn du selbst glücklich wärst.« Wenn Sie solche Gedanken jeden Tag hervorbringen können, dann werden sie heilende Wirkungen auf Ihren Körper haben. Sie können vielleicht auch liebevolle Briefe an Menschen schreiben, auch an solche, die Ihnen Leid zugefügt haben. Auch diese Art, mitfühlende Briefe zu schreiben, besitzt die Kraft der Heilung. Jeden Tag kann man gute Gedanken, aber auch Geschenke an Menschen schicken, die leiden oder nichts zu essen haben, so dass sich unser Mitgefühl nicht nur in Gedanken ausdrückt, sondern auch in Handlungen.

Wenn Sie das jeden Tag praktizieren, werden Sie viel Freude erfahren und Heilung wird möglich sein und stattfinden.

Vor zwanzig Jahren traf ich in Kanada einen jungen Mann, der nur noch drei Wochen zu leben hatte – so hatten es ihm die Ärzte gesagt. Ich lehrte ihn, wie er seinen Tee genießen könne, ebenso den Keks, der ihm angeboten wurde. Ich gab ihm Anweisungen, wie man jeden Moment im Leben achtsam leben kann. Er ist dann drei Wochen später nicht gestorben, tatsächlich hat er noch elf weitere Jahre gelebt. Es ist meine Überzeugung, dass wenn Sie so leben und sich jeden Tag in liebevollen Gedanken, liebevoller Rede und liebevollem Handeln üben und sich auf Ihre Mutter und Ihre starken Zellen verlassen, dann können Sie geheilt werden und brauchen keine Angst mehr zu haben.

Wenn Sie nachts nicht schlafen können, dann richten Sie Ihre Aufmerksamkeit darauf, liebevolle Gedanken hervorzubringen. Achten Sie auf Ihre Einatmung und Ihre Ausatmung, damit sich Ihr Körper erholen kann und der Prozess der Heilung unterstützt wird.

Was tun wir, wenn wir Freude weitergeben? Wie können wir einer Person Freude auf achtsame Weise weitergeben? Sie haben einmal darüber gesprochen, wie man Achtsamkeit üben kann, um das Herz weit zu machen, um Leiden jeglicher Art anzunehmen, ohne davon verletzt zu werden. Können Sie mehr dazu sagen?

Ich denke, wenn Freude in uns ist, dann wird diese Freude nicht nur uns selbst gut tun, sondern auch den Menschen um uns herum – vorausgesetzt, die Freude ist echt. Echte Freude ist die Freude, die unserem Körper und unserem Bewusstsein helfen kann. Freude ist Nahrung, ein Teil der Ernährung. In buddhistischen Kreisen wird die Meditationspraxis als tägliche Nahrung beschrieben; in dieser Praxis sind Freude und Konzentration wichtige Elemente. Wenn man bei der Meditationsübung keine Freude spürt, dann stimmt etwas nicht mit der Praxis. Wenn Sie während der Geh- oder der Sitzmeditation leiden, dann üben Sie nicht richtig. Die Freude in Ihnen wird eine Wirkung auf Körper und Geist haben und sie wird sich auf die Menschen, die mit Ihnen in Berührung kommen, übertragen. Wenn Sie tiefes Schauen üben, werden Sie wissen, wie die Freude entstanden ist, welche Bedingungen nötig waren. Sie werden sich wünschen, dass Ihnen diese Freude weiterhin zur Verfügung steht, und Sie werden vielleicht auch einer anderen Person die Einsicht weitergeben können, dass bei ausreichenden Bedingungen auch sie die gleiche Art Freude, die Sie und die Menschen um sie herum nährt, erfahren kann. Bitte teilen Sie Ihre Freude auf diese Weise. Aber auch wenn Sie diese Freude nicht weitergeben wollen, wird sie sich fortpflanzen. Denn wenn Sie voller Freude und Glück sind, wird uns das inspirieren. Sie lassen die Atmosphäre um uns ganz leicht werden, und die Luft wird ganz sanft beim Einatmen.

Sie können auch andere Dinge tun: Sie können sich mit anderen Menschen treffen, um eine Art kollektiver Freude hervorzubringen, die vielen Menschen gut tun wird. Wir singen jeden Tag »Ich gelobe, einem Menschen am Morgen Freude zu bereiten und am Nachmittag einen Menschen vom Leiden zu befreien.« Das ist das Minimum, aber wenn wir einem Menschen Freude bereiten, sind schon weitere Menschen darin einbezogen, weil die Freude eines Menschen viele andere anstecken kann.

Die Praxis des tiefen Schauens führt zu Einsichten und hilft unserem Herzen, sich zu öffnen. Wenn unser Herz weiter wird, wächst unsere Fähigkeit, negative Elemente anzunehmen und sie zu umarmen, um sie zu verändern.

Wenn Sie zu sehr leiden, liegt das daran, dass Ihr Herz noch recht eng ist. Der Lehre der Vier Grenzenlosen Zustände (Brahmaviharas) zu Folge führt die Praxis des tiefen Schauens zu größerem Verständnis, und so wie Ihr Verständnis wächst, so nehmen auch Mitgefühl und liebende Güte zu. Dieser Lehre nach sind Liebe und Verstehen identisch; Mitgefühl und liebende Güte sind aus einer Substanz gemacht, die Verstehen heißt. Und Verstehen wird nicht möglich sein, ohne tief in die Ursachen zu schauen.

Der Buddha hat folgendes Beispiel benutzt: Nehmen wir an, wir haben eine Tasse mit reinem Wasser. Wenn man eine Hand voll Salz in dieses Wasser rührt, kann man es nicht mehr trinken, es ist ganz salzig. Aber wenn man die gleiche Menge Salz in einen Fluss wirft, so ist der Fluss so groß, dass er davon nicht derart verändert werden kann, dass wir sein Wasser nicht mehr trinken könnten. Der Fluss ist sehr weit, deshalb hat er die Fähigkeit, anzunehmen, zu umarmen und zu transformieren. Wenn unser Herz weit wird, können wir genau dasselbe erreichen. Wir leiden, weil unsere Herzen eng sind, weil unser Verständnis und unser Mitgefühl sehr eingeschränkt sind.

Der Buddha hat dem Novizen Rahula einmal eine wunderbare Dharmabelehrung gegeben. Er sagte: Rahula, übe, wie die Erde zu sein. Warum? Egal was Menschen auf die Erde schütten, ob es Milch, Sahne, Blumen, Parfum, Urin oder Exkremente sind, die Erde macht keinen Unterschied. Sie nimmt alles auf und sie leidet nicht. Warum? Weil die Erde weit ist, sie kann in kürzester Zeit all diese Dinge in Blumen und grüne Blätter verwandeln. Deshalb übe Rahula, damit du so sein kannst wie die Erde. Du kannst alles annehmen, aufnehmen und umarmen und musst nicht leiden. Ein wenig später kannst du all den Müll wieder in Blumen verwandeln.

Übe, wie die Luft zu sein: Egal was du ihr übergibst, sie kann alles aufnehmen, umarmen und verwandeln. Das kann sie, weil sie weit ist.

Übe, so wie das Wasser zu sein. Wasser hat die gleiche Kapazität, aufzunehmen, zu umarmen und zu verwandeln. Und übe, wie das Feuer zu werden, denn was immer du dem Feuer übergibst, ob es schön oder hässlich ist, sauber oder schmutzig, das Feuer wird alles verbrennen und zu Asche machen. Denn das Feuer ist weit, es hat die Fähigkeit zu transformieren. Deswegen Rahula, solltest du so üben wie die Erde, wie das Wasser, wie die Luft, wie das Feuer, damit dein Herz grenzenlos wird.

Alles Negative, jede Beschimpfung, jede Handlung, die dir gegenüber unfreundlich ist, kannst du umarmen; du brauchst nicht zu leiden, denn dein Herz ist weit.

Deswegen heißt es im Sutra: Wenn du zu sehr leidest, bedeutet das, dass dein Herz noch nicht weit genug ist. Um dein Herz zu öffnen, wird dir die Übung des tiefen Schauens helfen, denn sie wird Verstehen mit sich bringen. Wenn Verstehen da ist, werden Mitgefühl und Verzeihen möglich sein.

Was tun Sie, wenn Sie wütend sind?

Das ist eine gute Frage. Wenn ich wütend bin, kehre ich zurück zu meinem Atem. Ich atme achtsam ein und aus. Ich weiß, dass Wut in mir ist und dass ich in diesem Moment nichts sagen sollte. Ich sollte nichts tun, denn ich weiß, dass etwas zu sagen oder zu tun gefährlich ist, während ich wütend bin. Ich unterlasse es, zu sprechen oder zu handeln, denn ich könnte viel Schaden in mir und in der anderen Person anrichten.

Ich glaube Ihre Frage ist der folgenden ähnlich (Thich Nhât Hanh liest die Frage vor).

Manchmal fühle ich mich durch Worte oder Handlungen verletzt und ich werde wütend. In Ihren Büchern sagen Sie oft, dass es gefährlich ist, unsere Wut zu entfernen.

Habe ich das gesagt?

Ich weiß, dass ich leiden werde, wenn es mir nicht möglich ist, über meine Schwierigkeiten zu sprechen, und ich meine Wut nur unterdrücke. Meine Wut macht sich dann anders bemerkbar, und ich riskiere es, zu explodieren oder krank zu werden. Im »Friedensvertrag«[3] *sagen Sie, dass wir unsere Wut erst*

---

[3] Siehe *Den Augenblick genießen*, Berlin: Theseus Verlag, 2004

dann ausdrücken sollten, wenn wir uns gut um sie gekümmert haben. Wie ist es möglich, Liebe und Mitgefühl zu entwickeln und unsere Wut nicht zu unterdrücken? Wie können wir über unsere Verletzungen sprechen? Gibt es eine nicht-destruktive Art, unseren Ärger, unsere Wut auszudrücken?

Ich würde Sie gerne dazu einladen dieses Kapitel im Friedensvertrag noch einmal zu lesen. Ich bin nicht der Meinung, dass Sie Ihren Ärger unterdrücken müssen, um Liebe und Mitgefühl zu erlernen. Das glaube ich nicht! Ich bin überhaupt nicht der Meinung, dass wir unsere Wut unterdrücken sollten.

Ich meine, dass wir unsere Wut wahrnehmen sollen, ihr erlauben zu sein, nicht sie zu unterdrücken – und zu lernen, sie zu umarmen. Umarmen heißt nicht unterdrücken, umarmen heißt sich gut darum kümmern. Wenn Ihr Baby weint, weil es leidet, sollten sie Ihr Baby aufnehmen und es ganz liebevoll in Ihren Armen halten. Das ist genau das, was ich vorschlage, wenn Ärger oder Wut in Ihnen aufkommt. Ärger ist wie unser Baby, und wir sollten ihn nicht unterdrücken, wir sollten sagen: »Mein lieber kleiner Ärger, ich weiß, dass du da bist. Ich werde mich gut um dich kümmern. Ich bin für dich da.« Ich begleite das mit achtsamen Atmen: »Einatmend weiß ich, dass Wut in mir ist, ausatmend, meine Wut, werde ich mich gut um dich kümmern.«

Die Wut ist ein Energieblock in mir. Meine Übung besteht nun darin, eine andere Energie einzuladen, so dass ich meine Wut zärtlich umarmen kann. Die erste Energie ist negativ, die zweite Energie ist positiv. Die erste Energie ist Wut und die zweite Energie ist die Achtsamkeit. Achtsamkeit auf den Atem und Achtsamkeit auf die Wut – unsere Wut umarmen wir mit Achtsamkeit. Sie erlauben es Ihrer Wut zu sein, Sie erkennen an, dass sie in Ihnen vorhanden ist. Sie wollen sie nicht bekämpfen. Sie nehmen sie wahr. Sie hat das Recht da zu sein. Das Baby hat das Recht zu weinen. Aber Sie sollten Ihrer Wut nicht erlauben, Sie zu überwältigen oder alleine in Ihnen präsent zu sein. Sonst werden Sie sehr leiden und Sie werden vielleicht Dinge tun, die sehr viel Schaden anrichten. Sie werden vielleicht etwas sagen, was Schaden in Ihrer Beziehung zu einer anderen Person hervorrufen wird.

Deswegen ist es weiser, die Wut wahrzunehmen, ihr erlauben zu sein und sie zärtlich zu umarmen. »Oh, meine liebe Wut, ich bin für dich da. Ich werde mich um dich kümmern. Was ist nicht in Ordnung?« Sie schauen tief in Ihre Wut, Sie stehen ihr bei und Sie unterdrücken sie nicht.

Auch in der Psychotherapie wird uns geraten, unsere Wut zu berühren, unserer Wut die Erlaubnis zu geben, zu sein, unsere Wut wahrzunehmen. Aber die Frage ist: WER wird sich der Wut annehmen? WER wird sie wahrnehmen, WER wird ihr erlauben zu sein? WAS wird die Arbeit des Kümmerns, des Wahrnehmens übernehmen?

Der Lehre des Buddha zu Folge ist ganz klar: Das, was sich um die Wut kümmert, sie wahrnimmt und umarmt, ist eine Art der Energie, die wir die Energie der Achtsamkeit nennen. Wenn Sie wütend sind, sollten Sie die Achtsamkeit auf die Wut richten. Achtsam auf die Wut eingehen bedeutet, sich bewusst zu werden, dass Wut als Energie in Ihnen vorhanden ist, sie wahrzunehmen, ihr erlauben zu sein. Sie umarmen die Wut liebevoll mit der Energie der Achtsamkeit. Die beste Art, dies zu tun, ist achtsames Atmen oder achtsames Gehen. Wenn wir normalerweise wütend sind, kommen wir gar nicht darauf, dies zu tun. Wir achten viel mehr auf die Person, die vermeintlich unsere Wut verursacht hat. Aber der Buddha rät uns, zu uns selbst zurückzukehren und uns gut um unsere Wut zu kümmern. Wenn Ihr Haus brennt, ist es für Sie am wichtigsten, zu Ihrem Haus zurückzukehren und zu versuchen, das Feuer zu löschen. Das Wichtigste ist nicht, hinter der Person herzulaufen, die Sie für den Brandstifter halten. Das ist das, was der Buddha uns rät – zu uns nach Hause zurückzukehren und uns um das Feuer in uns zu kümmern.

Wenn wir praktizieren und zurückkehren, wahrnehmen, zulassen, umarmen, tief schauen – wenn wir dies tun, dann werden wir keine Zeit haben, etwas zu tun oder zu sagen, was Schaden anrichten kann.

Der Buddha rät uns, nichts zu sagen oder zu tun, wenn wir wütend oder ärgerlich sind, denn das ist gefährlich. Nehmen Sie sich erst einmal des Ärgers an.

Wir müssen uns bewusst sein, dass unsere Wut aus einer falschen Wahrnehmung unsererseits entstanden sein könnte. Das passiert oft. Die andere Person hat vielleicht gar nicht die Absicht, uns zu verletzen, uns zu zerstören oder zu bestrafen. Weil wir aber nicht sehr aufmerksam sind, verstehen wir sie falsch. Diese falsche Wahrnehmung führt dazu, dass wir auf sie wütend werden und wir beschuldigen sie, die Ursache unseres Leidens zu sein. Das kann sehr oft geschehen. Das könnte vielleicht das Erste sein, das Sie entdecken, wenn Sie tief in die Natur Ihres Ärgers schauen. Die zweite Sache, die Sie vielleicht entdecken werden, ist dass Ihre Samen der Wut, die Wurzel des Ärgers in Ihnen, sehr stark sind. Wenn ein anderer einen vergleichbaren Satz hören oder eine ähnliche Situation erleben würde, wäre diese Person vielleicht gar nicht so wütend wie Sie, weil die Samen der Wut in ihr sehr schwach sind. Sie haben einen starken Samen der Wut – deswegen werden Sie so leicht wütend. Nicht die andere Person ist der Grund Ihrer Wut. Die Hauptursache Ihrer Wut und Ihres Unglücks ist, dass der Samen der Wut zu stark in Ihnen ist. Wir können feststellen, dass in vielen Menschen der Samen der Wut schwach ist, aber in anderen Menschen kann er sehr stark sein. Der Samen der Wut ist der Hauptgrund für Ihre Wut, die andere Person ist nur die sekundäre Ursache.

Wenn Sie Gehmeditation und achtsames Atmen üben und tief in Ihre Wut, Ihre Situation hineinschauen, können Sie vielleicht auch noch andere Dinge finden. Andere Einsichten können aufscheinen, zum Beispiel die, dass die andere Person, die dieses oder jenes zu Ihnen gesagt oder Ihnen etwas angetan hat, selbst sehr leidet und nicht mit ihrem Leiden umzugehen weiß. Deswegen gießt sie ihr Leiden über die Menschen in ihrer Umgebung aus. Jeder in ihrer Umgebung wird leiden müssen, denn sie weiß nicht, wie sie mit ihrem Leiden umgehen soll, wie sie ihr Leiden transformieren kann.

Sie haben die Lehre des Buddha studiert, Sie wissen, wie Sie achtsames Atmen üben können, wie Sie Ihre Wut umarmen können, Sie fühlen sich bereits besser, aber der andere ist immer noch in der Hölle. Wenn in Ihnen der Wunsch aufkommt, dem anderen zu helfen, hat sich Ihre Wut dank Ihrer Praxis des tiefen Schauens, des achtsamen Gehens, des achtsamen Atmens in Mitgefühl verwandelt. Die andere Person kann Ihr Ehemann, Ihre Ehefrau sein, Ihre Tochter, Ihr Sohn, Ihr Vater, Ihre Mutter – wenn Sie ihr nicht helfen, wer wird es tun? Wenn Sie also dem anderen aus seiner Wut heraushelfen wollen, bedeutet das, dass Ihre Praxis Früchte trägt, und Sie können glücklich darüber sein.

Vor etwa zwölf Jahren kam ein Junge nach Plum Village und praktizierte. Er war erst zwölf oder dreizehn Jahre alt. Er kam mit seiner jüngeren Schwester. Dieser Junge mochte seinen Vater überhaupt nicht, denn jedes Mal, wenn er sich beim Spielen wehtat, schrie sein Vater ihn an, statt ihm zu helfen: »Du bist dumm, wie konnte dir so was passieren.« Und dieser Junge sagte zu mir: »Als Vater sollte man liebevoll sein. Wenn dein Kind leidet, musst du zu ihm gehen und ihm helfen, nicht es anschreien und beleidigen. Deswegen habe ich beschlossen, wenn ich einmal Vater werde, werde ich es nie so machen wie mein Vater. Ich werde das Gegenteil tun.« Er war sehr ehrlich. Eines Tages spielte seine kleine Schwester im Lower Hamlet. Sie saß mit einem anderen Mädchen in einer Hängematte und beide fielen beim Spielen aus der Hängematte. Seine Schwester fiel auf einen großen Stein und verletzte sich. Blut lief über ihr Gesicht. Der junge Mann war in der Nähe und als er seine Schwester so sah, wurde er plötzlich sehr ärgerlich. Er wollte schon rufen: »Du Dummkopf. Warum hast du das getan?« Aber weil er bereits länger praktiziert hatte, konnte er gerade noch innehalten, und als er sah, dass sich jemand um seine Schwester kümmerte, ging er weg und übte Atem- und Gehmeditation. Während der Gehmeditation fand er wichtige Dinge heraus.

So konnte er die Art der Wut in seinem Vater sehen und er trug ebenso diese Wut in sich. Wenn er nicht ernsthaft praktizierte, würde er sich genauso verhalten wie sein Vater. Diese Samen der Wut waren ihm von seinem Vater übertragen worden. Das nennen wir *samsara*. Er fuhr fort, alleine Gehmeditation zu üben. Würde er nicht praktizieren, so fand er heraus, könnte er diese Gewohnheitsenergie in sich selbst nicht transformieren. Er würde sich dann genauso wie sein Vater verhalten.

Nach einiger Zeit erkannte er, dass auch sein Vater vielleicht ein Opfer der Übertragung war. Vielleicht war der Same der Wut von seinem Großvater an seinen Vater übertragen worden. Zum ersten Mal wurden Verstehen und Mitgefühl in diesem jungen Mann geboren: »Oh, vielleicht ist er ein Opfer der Übertragung wie ich, und weil er nicht die Möglichkeit hatte, zu üben, hat er diesen Samen an mich weitergegeben. Und wenn ich jetzt nicht übe, werde ich ihn an meine Kinder weitergeben.« In dem Moment, in dem er erkannte, dass auch sein Vater möglicherweise das Objekt der Übertragung gewesen war, ein Opfer wie er, löste sich seine Wut gegenüber seinem Vater auf, und er hatte den Wunsch, nach Hause zurückzukehren und seinem Vater zu erzählen, was geschehen war, und ihn einzuladen, mit ihm zu praktizieren, um die Gewohnheitsenergie in beiden, Vater und Sohn, zu transformieren. Ich denke, dass dies für einen Dreizehnjährigen eine bemerkenswerte Einsicht ist.

Es ist sehr wichtig zu lernen, wie wir unseren Ärger umarmen können, indem wir tief schauen, um seine Wurzeln zu finden. In dem Zusammenhang ist der Friedensvertrag sehr wichtig. Viele Paare, die nach Plum Village kommen, Ehepaare, Väter und Söhne, Mütter und Töchter, haben diesen Friedensvertrag studiert und sie haben ihn dann im Beisein der Sangha unterzeichnet. Damit haben sie etwas Wundervolles getan, denn der Friedensvertrag hilft ihnen, sich selbst zu schützen und mit ihrer Wut in einer sehr intelligenten Art und Weise umzugehen. Ihre Freude und Harmonie sind mit der Praxis des Friedensvertrages stärker geworden.

Ein Punkt des Friedensvertrages sagt, dass Sie, wenn Sie wütend werden, zu Ihrem achtsamen Atmen zurückkehren sollten, Sie sollten in der Situation nichts sagen, nichts tun – und wenn Sie sich ruhig fühlen, werden Sie zu der anderen Person gehen und ihr sagen, dass Sie ärgerlich oder wütend sind und dass Sie die andere Person das wissen lassen wollen. Sie sagen ihr, dass Sie zum Beispiel am Freitagabend gerne mit ihr tief in diese Wut oder den Ärger schauen wollen. Wenn Sie noch nicht ruhig sind, sollten Sie auf ein Stück Papier schreiben: »Liebling, ich bin ärgerlich. Ich leide sehr und ich möchte, dass du das weißt. Lass uns zusammen üben, tief zu schauen, jeder von uns auf seine Weise und uns an diesem Freitagabend zusammensetzen, um gemeinsam tief zu schauen.« Nachdem Sie diese Friedensbrief geschrieben haben, werden Sie sich schon besser fühlen. Und von jetzt bis zum Freitagabend wissen Sie beide, dass Sie sich treffen werden: Deswegen werden Sie sich von jetzt an Zeit nehmen, das tiefe Schauen zu üben.

Wenn Sie vor Freitag eine Einsicht haben, können Sie gleich anrufen oder faxen, so dass die andere Person so schnell wie möglich Erleichterung erfährt.

௬

Ich bin Lehrerin in einer städtischen Schule. Obwohl ich Ärger in meinen Schülern nicht unterstützen will, stelle ich fest, dass sie jedes Recht haben, wütend über ihre Bedingungen und ihre Diskriminierung zu sein. Für viele ist diese Wut über ihre Lebensbedingungen die Energie, die sie dazu antreibt, positive Handlungen anzugehen. Kann ich ihren Ärger auf positive Art ermutigen und nähren?

Ich glaube, ich verstehe die Frage – aber die gute Absicht kann hier in die falsche Richtung gehen, Ärger oder Wut zu ermutigen und zu nähren. Die Frage ist, wie man Wut, die Energie der Wut nutzen kann, um positive Dinge zu tun. Wie kann man den Abfall nutzen, um Blumen zu nähren? Wir wissen, dass wir Kraft haben, wenn Wut in uns ist, denn Wut ist Energie. Aber die Energie der Wut ist blind. Sie kann kraftvoll sein, aber gefährlich. Solange Sie nicht wissen, wie Sie diese Energie bändigen und kanalisieren können, kann sie sehr zerstörerisch sein. Menschen können bereit sein zu sterben, wenn sie wütend sind. Sie können eine Bombe an ihrem Körper befestigen und in einen Bus springen, um alle Businsassen zu töten. Wut ist eine riesige Energiequelle. Aber da diese Energie blind ist, ist sie sehr gefährlich. Es klingt so, als ob das Gegenteil der Wut nicht stark genug wäre. Was ist das Gegenteil der Wut? Es ist Verständnis, es ist Mitgefühl. Wenn Sie wissen, was diese Energie bewirken kann, die Energie des Mitgefühls, dann wissen Sie, dass Mitgefühl sehr mächtig ist. Sie können sterben, Sie können im Namen des Mitgefühls sehr mutige Handlungen ausführen. Sie sind bereit, für Ihre Liebe zu sterben. Das Problem ist, wie wir dem Menschen helfen können, in die Natur seiner Wut zu schauen. Und wie wir diese starke Energie der Wut in die Energie des Verstehens, des Mitgefühls verwandeln können. Wenn Verständnis und Mitgefühl in Ihnen sind, haben Sie einen klaren Blick, dann sind Sie in der Lage intelligente Strategien und Pläne zu entwickeln. Das können Sie nicht, wenn Sie wütend sind. Als Opfer sozialer Ungerechtigkeit, Opfer von Gewalt sagen wir, dass wir das Recht hätten, wütend zu sein. Die Lehre des Buddha sagt, dass Sie darüber hinausgehen müssen, um tiefer zu schauen. Sie sehen den Aggressor ebenso als Opfer. Sie sehen die bedrohte Person auch als Opfer. Ein Bodhisattva, der einem Opfer hilft, braucht den Angreifer nicht zu töten. Denn auch der Angreifer ist eine Art Opfer. Ein Opfer der Unwissenheit, ein Opfer der Gewalt, die er von anderen Menschen erfahren hat.

Im Lukas-Evangelium gibt es einen schönen Satz: »Vater vergib ihnen, denn sie wissen nicht, was sie tun.« Wenn Sie von Unwissenheit, Gewalt und Angst besessen sind, werden Sie grausam, werden Sie aggressiv, brauchen Sie Hilfe. Ihre Opfer brauchen ebenfalls Hilfe. Ein authentischer Bodhisattva ist jemand, der das Leiden der unterdrückten Person sehen kann, aber auch das Leiden des Unterdrückers. Natürlich müssen Sie den Opfern der Ungerechtigkeit helfen, aber es gibt auch Möglichkeiten, der anderen Seite zu helfen.

Während des Vietnamkrieges wussten wir sehr genau, dass viele unschuldige Menschenleben zerstört wurden; nicht nur kommunistische und antikommunistische Soldaten starben. Die Menschen, die aus den USA gekommen waren, waren da, um zu zerstören, um zu töten, aber auch, um getötet zu werden. Natürlich sind die vietnamesischen Zivilisten und Soldaten Opfer eines solchen Krieges, aber die Amerikaner, die nach Vietnam geschickt wurden, sind genauso Opfer. Opfer ihrer Propaganda, Opfer der Politik ihrer eigenen Regierung. Deswegen musste man den amerikanischen Jungen, die nach Vietnam geschickt worden waren, genauso helfen. Das war meine Einsicht. Während wir versuchten, den Opfern des Krieges zu helfen, habe ich die amerikanischen Soldaten nicht als meine Feinde gesehen. Ich betrachtete vielmehr eine Politik, die nicht intelligent war, die Ignoranz, die dogmatische Sicht des Anti-Kommunismus als Wurzeln des Krieges.

Heute treiben die Vereinigten Staaten von Amerika Handel mit kommunistischen Ländern, und sie brauchen die Kommunisten nicht mehr zu töten, um dies zu tun.

Anstatt eine Menge Geld für die Zerstörung so vieler Menschenleben sowohl aus Vietnam als auch aus den USA auszugeben, hätte die amerikanische Regierung zu jener Zeit dem kommunistischen Norden helfen können und ebenso dem Süden. Sie hätten eine Politik betreiben können, bei der sie beiden Seiten Vietnams Hilfe geleistet hätten, sich zu entwickeln. Anstatt Bomben auf das Land zu werfen, hätten sie ihre Technologie, ihre Hilfe bringen können, um Nord- und Südvietnam wieder aufzubauen, um beiden Seiten zu helfen, wieder zusammenzukommen. Das wäre eine intelligentere Politik gewesen.

Wenn wir die Lektion verstanden haben, sollten wir fähig sein, sie in Zukunft anzuwenden. Damit eine Regierung mit einer solchen Intelligenz handeln kann, müssen Sie Ihrer Regierung Ihre Einsicht mitteilen. Wenn Sie aber den Pfad nicht sehen, wenn Sie von Ihrem nichtdiskriminierenden Geist, dem Geist des Nicht-Selbst keinen Gebrauch machen – wie könnte dann Ihre Regierung wissen, was sie tun soll? Sie müssen Ihre Regierung instruieren, was und wie sie etwas tun soll, damit sich nicht die gleichen Fehler wiederholen.

Wir sollten das Leiden dieser Schüler und vieler Menschen, die unterdrückt werden, sehen und versuchen, ihnen zu helfen. Wir sollten aber auch die andere Seite, die Unterdrücker, sehen und ihnen mit Intelligenz, mit geschickten Mitteln und mit Mitgefühl helfen, »wach« zu werden, damit sie ihren Weg der Unterdrückung und Ausbeutung nicht weiter fortsetzen.

Ich habe noch ein Problem mit der Ersten Achtsamkeitsübung. Meine Frage ist, ob es gerechtfertigt ist, gewalttätig zu sein, wenn man angegriffen wird? Darf man Gewalt als Selbstverteidigung, sei es auf individueller oder kollektiver Ebene, ausüben, wenn zum Beispiel ein Land angegriffen wird? Haben wir nicht das Recht, uns zu verteidigen und dies manchmal auch in Form von Gewalt, sogar von Töten?

Gewalt kann sich in vielen Formen manifestieren. Manchmal sieht es von außen gar nicht nach Gewalt aus, aber im Inneren ist es sehr gewalttätig. Wir nennen das institutionelle Gewalt. Viele von uns werden zu Opfern dieser Art der Gewalt. Die Gesellschaft ist so organisiert, dass viele Menschen weder das Recht noch die Möglichkeit haben, frei von Armut und Unterdrückung zu sein. Und obwohl die Menschen weder von Pistolen noch von Bomben bedroht werden, ist Gewalt vorhanden, weil die Gesellschaft vielen Menschen das Recht verweigert, sich von Unterdrückung, Ungleichheit und Diskriminierung zu befreien. Deshalb möchte ich Ihre Aufmerksamkeit als Erstes darauf lenken, dass Gewalt manchmal verdeckt auftritt. Wir sollten üben, tief zu schauen, um das wahre Gesicht der Gewalt zu sehen.

Das Zweite, worauf ich Ihre Aufmerksamkeit lenken möchte, ist die Tatsache, dass es keine perfekte Gewaltlosigkeit gibt. Der Ausweg ist, zu versuchen, so wenig gewalttätig wie möglich zu sein – das ist unsere Praxis. Nehmen wir an, wir sagen, wir wollen keine Tiere töten, deswegen sind wir Vegetarier geworden. Jedes Mal, wenn wir Salat essen oder Gemüse kochen, könnten wir glauben, dass wir keine Lebewesen töten. Tatsächlich ist es aber so, dass jedes Mal viele kleine Lebewesen sterben, wenn wir Wasser kochen. Wir wissen nicht, dass unser Gemüsegericht nicht vollkommen vegetarisch ist. Aber es ist ganz deutlich, dass Gemüse zu essen sehr viel weniger Leiden erzeugt, als wenn wir Fleisch essen. Die Art, wie wir Küken aufziehen oder Rinder, wie wir allgemein Tiere behandeln, ist sehr gewalttätig. Selbst wenn wir nur ein Glas Milch trinken, wissen wir, dass es nicht ganz gewaltfrei ist. Die Art, wie Kühe behandelt werden, wie den Müttern die Kälbchen weggenommen werden, wie Kälber getötet werden – wissen Sie, dass in vielen Ländern die Kälber nur hundert Tage leben dürfen? Das Kalb hat weder das Recht zu laufen noch sich zu bewegen. Sie pferchen es an einem Ort ein und hundert Tage später töten sie es, um Fleisch zu gewinnen. Selbst wenn wir also Milch trinken, spüren wir noch etwas Schmerz in uns. Deswegen ziehen manche von uns Sojamilch der Kuhmilch vor.

Wenn wir uns im Wald verlaufen und nach Hause wollen, können wir uns nach dem Polarstern (Nordstern) richten, der uns hilft, die Richtung, in die wir gehen müssen, herauszufinden. Angenommen wir wollen nach Norden: Wir schauen auf den Polarstern, um nach Norden zu gehen. Aber wir haben nicht die Absicht, bis zum Polarstern selbst zu gelangen. Wir brauchen dort nicht hinzugelangen, wir gehen lediglich in seine Richtung. Dasselbe gilt für Gewalt und Gewaltlosigkeit. Wir brauchen nicht perfekt zu sein, wenn wir die Erste Achtsamkeitsübung praktizieren, tatsächlich kann niemand darin perfekt sein. Auch der Buddha musste genauso wie wir Gemüse essen, und so wissen wir, dass sein Essen nicht ganz vegetarisch war. Und jedes Mal, wenn er sich bewegte, wenn er ging, wird er Insekten mit seinen Füßen zertreten haben. Als Lebewesen muss man gehen, muss man essen, muss man trinken und kann deshalb nicht ganz gewaltfrei sein. Aber das Wichtigste ist, dass wir versuchen, so gewaltlos wie möglich zu sein, wir kultivieren Mitgefühl, so dass wir von Tag zu Tag mitfühlender werden, immer weniger gewalttätig – das ist die Kunst. Damit wir herausfinden, wie wir jeden Tag mehr Mitgefühl entwickeln können, wie wir die erste Achtsamkeitsübung immer besser anwenden können, sollten wir als Sangha zusammenkommen, die Achtsamkeitsübungen rezitieren und uns austauschen, um die Übungen immer mehr in unser tägliches Leben zu integrieren. Deshalb erinnern Sie sich bitte an den Polarstern: Wir müssen nicht perfekt sein und manchmal müssen wir Mittel anwenden, die nicht völlig gewaltlos sind; aber wir sollten in der Lage sein, das Leiden der Menschen zu verstehen. Sie haben die Energie des Mitgefühls in sich, Sie können sich einsetzen, damit die Menschen um Sie herum und auch Sie selbst immer weniger Gewalt anwenden – von Tag zu Tag. Das würde den Buddha schon jetzt sehr glücklich machen.

Thay, wie denken Sie über die Todesstrafe? Nehmen wir an, jemand hat zehn Kinder getötet. Warum sollte er weiterleben dürfen?

Zehn Menschen sind tot, nun möchten Sie einen weiteren töten, Sie wollen elf töten. Jemand, der zehn Kinder umgebracht hat, ist krank. Natürlich sollten wir ihn einsperren und verhindern, dass er weitere Menschen umbringt; aber es handelt sich um einen kranken Menschen. Wir müssen Möglichkeiten finden, diesem Menschen zu helfen. Ihn umzubringen würde weder ihm noch uns helfen. Es gibt andere wie ihn, und wenn wir tief schauen, werden wir feststellen, dass mit unserer Gesellschaft etwas nicht in Ordnung ist. Unsere Gesellschaft hat solche Menschen hervorgebracht.

Deshalb können wir, wenn wir genauer hinsehen und tief schauen, im Lichte des Interseins die anderen Elemente erkennen, die ihn »gemacht« haben. So kann in uns Verständnis erwachsen, und dann können wir verstehen, dass diese Person für uns da ist, damit wir ihr helfen, nicht um sie zu bestrafen.

Seit einiger Zeit werden buddhistische Bücher über Meditation, buddhistische Zeitschriften und sogar Dharmavorträge in Gefängnissen[4] angeboten und viele Insassen praktizieren danach. Vielen von ihnen geht es damit besser und sie sind fähig, im Gefängnis friedlich zu leben. Ich selbst bekomme eine Menge Briefe von Gefangenen – viele kommen aus Gefängnissen in den USA –, die meine Bücher gelesen haben.

Einer schrieb mir: »Thay, wenn ich oben auf der Treppe stehe und hinunterschaue und den anderen Insassen beim Treppensteigen zusehe, kann ich ihr Leiden erkennen, ihre Aufregung. Ich hoffe, sie könnten es wie ich machen: Ich gehe die Treppe in Achtsamkeit hinauf und hinunter und folge meinem Atem. Wenn ich das tue, fühle ich Frieden in mir und wenn ich Frieden in mir fühle, kann ich ganz deutlich das Leiden meiner Mitgefangenen erkennen.«

Dieser Mensch hat es geschafft, Mitgefühl zu entwickeln und es in sich wachsen zu lassen. Wenn wir Mitgefühl in unserem Herzen haben, leiden wir nicht so sehr. Wenn es Mitgefühl in unserem Herzen gibt, werden wir nicht der Mensch sein, der am meisten von allen leidet.

Es gibt einen anderen Gefängnisinsassen, der eine Kopie von *Innerer Friede, äußerer Friede* erhalten hatte. Später bekam er auch das Buch – und so hatte er zwei Exemplare.

Er hatte aufgehört zu rauchen, hatte aber noch einen Rest Tabak übrig. Eines Tages schlug der Gefangene in der Zelle nebenan an die Wand und schrie laut nach Tabak. Der Mann wollte ihm etwas von sei-

---

[4] Siehe *Frei sein, wo immer du bist*, Berlin: Theseus Verlag 2003. Dieses Buch enthält einen Vortrag, den Thich Nhat Hanh in einem Gefängnis in den USA hielt, sowie einen Frage-Antwort-Teil.

nem Tabak überlassen. Er nahm die erste Seite von *Innerer Friede, äußerer Friede*, wickelte etwas Tabak hinein und schob es in die andere Zelle, in der Hoffnung, dass die andere Person *Innerer Friede, äußerer Friede* genießen würde. Er selbst hatte es sehr gemocht und dadurch mit der Übung der Sitzmeditation in seiner Zelle begonnen. Er gab in den folgen Tagen jedes Mal nur einen kleinen Anteil seines Tabaks weiter und nahm beim nächsten Mal Seite zwei der Kopie, dann Seite drei und so weiter. Er war Insasse des Todestrakts. Schließlich hatte er dem anderen Gefangenen die ganze Kopie weitergegeben. Es war wunderbar: Der andere Gefangene begann in seiner Zelle zu praktizieren und wurde sehr ruhig. Am Anfang hatte er gegen die Wand geschlagen, er hatte geschrien und geflucht. Aber mit der Zeit wurde er zurückhaltender und sehr ruhig und schließlich wurde er entlassen.

Um dem anderen bei seiner Entlassung zu danken, ging er an seiner Zelle vorbei, sie sahen sich an und beide rezitierten eine Zeile aus dem Buch, die sie auswendig kannten.

Der Gefangene im Todestrakt hat ein Buch über die Praxis in seiner Zelle geschrieben, und das Buch wurde außerhalb des Gefängnisses publiziert.

Dieses Beispiel macht klar, dass Bestrafung nicht das Einzige ist, was wir tun können. Wir können viel mehr tun, um zu helfen. Transformation und Heilung sind möglich, selbst in diesen schwierigen Situationen.

Ein anderer Gefangener schrieb mir: »Thay, ich bin sehr überrascht festzustellen, dass ich immer noch meine Menschlichkeit im Gefängnis bewahren kann und dass ich noch nicht verrückt geworden bin. Das habe ich der Praxis zu verdanken. Meine Hoffnung ist, dass eines Tages, wenn ich entlassen werde, mich jemand besuchen kommt, und wenn er in mein Gesicht sieht, staunt: ›Großartig, bei all dem Leiden, das er im Gefängnis durchzustehen hatte, kann er noch so aussehen.‹ Das wäre wunderbar, die größte Auszeichnung, die ich erreichen könnte.«

Er schrieb, dass die Umstände, unter denen er lebt, das Leiden, das er im Gefängnis aushalten muss, unvorstellbar seien. Aber er hat es geschafft, seine Menschlichkeit durch all die Schwierigkeiten hindurch zu bewahren, um zu überleben.

Wenn wir hier, außerhalb der Gefängnisse, weniger leiden und etwas Zeit haben, können wir etwas tun, um den Menschen in den Gefängnissen zu helfen.

Wenn wir diese Menschen umbringen würden, würde das nur unsere eigene Schwäche offenbaren. Wir geben auf, wir wissen nicht, was wir noch tun können, und geben auf. Es ist ein Verzweiflungsschrei, wenn man Menschen umbringen muss. Ich hoffe, dass wir zusammen üben können, tief zu schauen, um bessere Möglichkeiten zu finden, als der Todesstrafe zuzustimmen.

Meine Antwort lautet, dass wir nicht nur Gerechtigkeit und Mitgefühl versöhnen können, sondern dass wir aufzeigen können, dass wahre Gerechtigkeit Mitgefühl und Verständnis als Grundlage haben müssen.

In harmonischen Beziehungen leben

Lieber Thay,
ich habe dreißig Jahre in einer Beziehung gelebt und habe viel Vertrauen gehabt. Ich bin heute nicht mehr die Gleiche, die ich am Anfang der Beziehung war, und auch mein Partner ist es nicht. Die Beziehung bricht auseinander, wir sind dabei, uns zu trennen. Ich leide sehr darunter und frage mich, ob mir die Idee des Nicht-Selbst hier helfen könnte?

Natürlich ist alles vergänglich, ist alles ohne ein eigenständiges Selbst, deswegen ist alles möglich. Sie können sich verändern. Die Beziehung kann sich verändern. Wir müssen wieder auf die Samen schauen. In jedem von uns ist ein Samen des Vertrauens. Und es gibt ebenso einen Samen des Vertrauensbruchs in uns. Wir alle haben, mich eingeschlossen, den Samen des Vertrauens. Man sagt von mir, dass ich eine sehr vertrauenswürdige Person sei, das heißt aber nicht, dass ich den anderen Samen nicht auch in mir hätte. Sie vertrauen, weil dieser Samen jeden Tag gewässert worden ist – von Ihnen selbst und von anderen Personen. Sie wissen, dass die Dinge vergänglich sind, deshalb sind Sie vorsichtig. Sie müssen den Samen des Vertrauens in Ihrem Partner jeden Tag wässern. Während der ganzen dreißig Jahre. Und wenn Sie das getan haben, wird das einunddreißigste Jahr auch so sein. Wenn Sie die Samen des Vertrauens in den dreißig Jahren aber nicht gewässert haben, ist ein solches Auseinanderbrechen möglich. Aber es geschieht nicht erst im einunddreißigsten Jahr. Die Beziehung hat sich schon lange davor langsam, langsam verändert. Es gab eine Erosion in der Energie des Vertrauens. Weil Sie nicht achtsam waren, konnten Sie nicht erkennen, wie das Vertrauen allmählich bröckelte, bis sich schließlich der Vertrauensverlust deutlich manifestierte. Wenn wir uns der Vergänglichkeit, des Nicht-Selbst bewusst sind, können wir achtsam leben und versuchen, den Samen des Vertrauens jeden Tag in unserem Partner oder unserer Partnerin zu wässern. Dies sollte ein Paar sehr beherzigen. Aber es ist auch in einer Gemeinschaft, in einer Gruppe von Freunden, in einer Sangha, in einer Nation wichtig, den Samen des Vertrauens zu wässern und den Samen des Vertrauensverlustes nicht zu wässern. Sie haben den Samen des Vertrauensverlustes gewässert. Sie haben nicht aufgepasst. Deswegen ist der erste Schritt, die positiven Samen zu wässern und das Wässern der negativen Samen zu vermeiden, sowohl in sich selbst als auch im Partner oder in anderen Personen. Es gibt einen dritten Samen, den Samen der Eifersucht, der es dem Samen des Vertrauensverlustes ermöglicht zu wachsen. Wenn Sie auf exzessive Weise eifersüchtig sind, strahlen Sie keine Frische aus, Sie sehen nicht liebenswert aus. Das hat eine negative Auswirkung auf die Partnerschaft. Das erleichtert es dem Samen des Verrats, gewässert zu werden. Sie sind nicht angenehm, Sie sind nicht liebenswert, Sie ermutigen den Samen des Vertrauens nicht zu wachsen. Sie sollten vorsichtig sein, die andere Person dafür verantwortlich zu machen, dass sie Sie hintergangen hat, denn Sie selbst haben dabei auch eine Rolle gespielt. Sie haben es dem Samen des Verrats erlaubt, gewässert zu werden, Sie haben den Samen des Vertrauens nicht genügend gegossen.

Jetzt sind wir nicht mehr so jung und nicht mehr so attraktiv wie vor dreißig Jahren – das ist Vergänglichkeit. Aber die Elemente Schönheit und Jugend sind nicht alles. Wir sind auf eigene Weise schön. Man kann sehr schön sein im Alter. Wenn Sie jung sind, ist Ihre Schönheit eine ganz andere. Wenn Sie alt sind, ist Ihre Schönheit sehr präsent. Sie sind ruhig, Sie sind liebevoll, Sie sind friedlich, und Sie können eine Schönheit ausdrücken, die jede andere Schönheit übertrifft. Ein schönes Gesicht bedeutet nicht sehr viel. Ein schönes Gesicht, das Ärger und Eifersucht in sich trägt, ist Ihre Zeit, Ihre Energie nicht wert. Aber Ihr Frieden, Ihre Fürsorge, Ihre Toleranz, Ihre Freiheit kann eine Zuflucht für andere sein. Und während Sie Ihren Frieden, Ihre Liebe kultivieren, werden Sie eine dauernde Zuflucht für den anderen Menschen – er kann nicht ohne Sie sein.

Lassen Sie Schönheit in sich wachsen. Dies ist unsere Praxis. Wenn wir es uns erlauben, säuerlich, anklagend, tadelnd zu sein, verlieren wir unsere Schönheit, unsere Liebe, unseren Frieden. Und dann sind wir mitverantwortlich, wenn die andere Person sich entfernt und Zuflucht bei anderen sucht. Mein Vorschlag ist, dass wir zu uns selbst zurückkehren und feststellen, dass wir nicht unser Bestes in unserer Beziehung gegeben haben. Zuerst haben wir die guten Samen gewässert, aber dann haben wir zugelassen, dass die negativen Samen gegossen wurden, und wir haben nicht praktiziert, um in unserer Schönheit und in unserem Mitgefühl zu wachsen, um weiterhin eine Zuflucht für den anderen zu sein.

In einer langjährigen Beziehung, die sehr turbulent war, haben wir – zwei Menschen, die sich lieben – uns gegenseitig viele Schwierigkeiten bereitet.

In Plum Village habe ich herausgefunden, dass wir unsere Schwächen und Verletzlichkeiten voreinander versteckt haben und vorgaben, stärker zu sein, als wir sind.

Wenn wir uns also verletzten, meistens absichtslos, und der andere darauf reagierte, war die Reaktion normalerweise Wut. Wenn wir verletzt wurden, reagierten wir immer mit Wut; unsere Beziehung lebte eigentlich aus dieser Wut. Wir begegneten unserer Wut mit immer mehr Wut. Wir waren oft selbstgerecht. Es schaukelte sich hoch, und wir verursachten uns gegenseitig eine Menge unnötigen Leides.

Ich frage mich, ob wir uns anders begegnen können, ich denke, wir würden es gerne, wir würden gerne unsere gegenseitige Zuneigung ausdrücken, um diesen Schwierigkeiten zu begegnen.

Ich habe die Praxis, die mir hilft, und meine Sangha, die mich unterstützt. Er hat sich für keine Praxis entschieden und hat auch keine Sangha.

Ich sehe für mich selbst die Notwendigkeit, anders zu reagieren, ihn wirklich zu verstehen. Ihre Lehre über das Verstehen als Basis für wirkliche Liebe und Mitgefühl war sehr wichtig für mich. Ob Sie vielleicht weiter helfen können?

In einer schwierigen Situation neigen wir dazu zu erwarten, dass sich die andere Seite ändert. Unserer Praxis zu Folge sollten wir aber mit uns selbst beginnen. Vor einigen Tagen schrieb ich eine Kalligraphie mit dem Satz »Frieden beginnt mit deinem sanften Lächeln.« Ich habe sehr achtsam geschrieben.

Sie möchten, dass die andere Person lächelt, um Frieden mit Ihnen zu schließen. »Frieden beginnt mit deinem sanften Lächeln.« Das ist eine Erwartung. Aber praktizieren Sie selbst? Ich könnte schreiben: »Frieden beginnt mit meinem sanften Lächeln.« Ich hänge die Kalligraphie im Wohnzimmer auf, nicht damit er sie liest, sondern damit ich sie lese. Es kommt also nicht darauf an, ob ich »dein« oder »mein« sanftes Lächeln schreibe. Es ist dasselbe. Aber wir selbst können mindestens 50 % erreichen, wir können die Situation um 50 % verändern. Das bedeutet, dass wir nicht erwarten sollten, dass der andere sich ändert. Wenn Sie zu viel erwarten, werden Sie leiden. Es gibt nur ein Territorium, über das Sie die Souveränität haben und das sind Sie selbst; das Gebiet der fünf Aggregate: Form, Gefühle, Wahrnehmungen, Geistesformationen und Bewusstsein. Sie sind die Königin, die dieses Gebiet regiert, und wenn Sie Ihre Souveränität dazu nutzen können, eine revolutionäre Veränderung in Ihrem Königreich herbeizuführen, dann kann das schon 50 Prozent verändern. Das ist eine ganze Menge: eine Menge weniger Leiden, eine Menge mehr Freude. Das wird die andere Seite inspirieren, sich genauso zu ändern, denn die andere Seite kann dem Wandel nicht widerstehen, wenn auf der einen Seite Veränderung stattfindet. Das ist sicher. Es hat sich immer bewahrheitet. Selbst wenn sich die andere Seite überhaupt nicht verändern will. Wenn diese Seite sich verändert, wird auch die andere Seite einer Veränderung nicht widerstehen können. Vielleicht ist es hilfreich, von der anderen Seite nichts zu erwarten. Lasst uns alles in unserer Macht Stehende tun, um die Situation auf unserem eigenen Territorium neu zu arrangieren. Das Wissen darum, dass auf der anderen Seite Leiden ist, kann Ihnen helfen, Ihr Mitgefühl zu entwickeln. Alles was Sie für sich selbst tun, tun Sie zugleich auch für ihren Partner. Das ist in jeder Situation wahr. Das betrifft zum Beispiel auch das Verhältnis zwischen Vater und Sohn. Wenn einer von beiden praktiziert und sich verändert, wird sich auch die andere Seite verändern. Wir werden angenehmer, liebevoller, toleranter, und der andere wird das sehr bald merken. Er kann von unserer Frische, unserem Mitgefühl und unserem Verständnis profitieren. Auch wenn es gar nicht Ihr Vorhaben war, zu verändern, es wird von alleine geschehen, wenn Sie nur wissen, wie Sie sich um Ihre eigene Seite kümmern müssen. Auch in der Beziehung zwischen Lehrer und Schüler stimmt das so. Der Lehrer hat scheinbar mehr Autorität als die Schüler, aber mit Autorität kann man nicht viel erreichen. Nur Ihre Veränderung, Ihre liebevolle Güte, Ihr Verständnis kann dazu beitragen, Ihren Schülern oder Ihrer Tochter oder Ihrem Sohn zu helfen, sich zu verändern. Autorität sollte nicht das Mittel zur Veränderung sein.

Wir haben viele Übungen[5], die wir in unser tägliches Leben mit einbeziehen können, damit eine rasche Veränderung stattfinden kann.

Und machen Sie sich keine Sorgen wegen seiner Veränderung, sie wird ganz natürlich geschehen.

◎

Lieber Thay, liebe Sangha,
jedes Mal wenn mein Ehemann mich oder meinen Sohn verletzt, gehe ich in das »Atemzimmer«. Mein Mann möchte sich nicht zu mir gesellen, er möchte nicht über unsere Beziehung sprechen und wenn ich ihm meine Gefühle mitteilen will, weist er mich zurück. Wegen der angespannten Situation bin ich buchstäblich nicht fähig zu atmen, nicht einmal im Atemzimmer. Ich fühle mich ausgelaugt. Wie kann ich mich um das Wohlergehen meiner Familie, meiner selbst kümmern?

Wie können wir leidenden Menschen helfen, die die Lehren des Buddha nicht akzeptieren und sogar die buddhistischen Achtsamkeitsübungen irritierend finden?

Wenn unser Partner die Lehren des Buddha nicht akzeptiert und die Praxis irritierend findet, liegt es an uns, ist es unser Fehler. Wir haben die Lehren des Buddha und die Praxis auf eine ungeschickte Art und Weise vermittelt. Die Lehre und die Praxis mit anderen zu teilen ist eine Kunst. Wir müssen den anderen gut verstehen, um zu wissen, wie wir mit ihm bzw. mit ihr die Lehre und die Praxis teilen können. Wenn wir dem anderen nur unsere Ideen aufdrängen, werden wir scheitern. Es ist möglich, die Lehre und die Praxis auf eine Art weiterzugeben, die nicht buddhistisch klingt, nicht buddhistisch aussieht. 1964 habe ich für junge Leute ein Buch darüber, wie man Buddhismus übt, geschrieben, und ich habe keinen einzigen buddhistischen Ausdruck verwen-

---

5 Siehe *Jeden Augenblick genießen*, Berlin: Theseus Verlag, 2004

det. Das ist möglich. Und wie ich schon erwähnt habe, versuchen wir in Großstädten Achtsamkeitszentren aufzubauen, in denen keine Räucherstäbchen abgebrannt, keine Erdberührungen praktiziert werden, kein buddhistisches Rezitieren stattfindet. Die Menschen kommen sehr gerne, um achtsames Atmen, Sitzen und Essen zu üben. Damit die buddhistischen Lehren akzeptiert und praktiziert werden, sollten wir die Mentalität der Menschen verstehen, mit denen wir die Lehre teilen wollen. Es ist sehr gut möglich, die Lehre und die Praxis als nicht sektiererische, nicht religiöse Praxis anzubieten.

Unsere Freundinnen und Freunde in Plum Village haben die Achtsamkeitspraxis schon mit sehr vielen Menschen geteilt: Manager, Psychotherapeuten, Polizisten. In Madison Wisconsin haben wir ein Retreat für Polizisten angeboten, und wir haben ihnen sogar die Fünf Achtsamkeitsübungen nahe gebracht, ganz ohne buddhistische Fachbegriffe. Und viele von ihnen haben die Achtsamkeitsübungen zu Ihrer Praxis gemacht.

Wir haben auch ein Retreat für Kongressmitglieder in Capitol Hill angeboten. Viele der Teilnehmer kamen aus einem christlichen Umfeld.

Ich denke, das Wichtigste ist, das Leiden des anderen zu verstehen, ihm Einsicht in sein Leiden zu ermöglichen und eine Praxis anzubieten, die ihm hilft, dieses Leiden zu überwinden. Wenn wir das Leiden der anderen Person gut verstehen, werden wir Mittel und Wege finden, ihr die richtige Praxis anzubieten.

Sie tun das für ihn, für sie und nicht für sich selbst. Sie drängen dem anderen nicht Ihre Ideen auf. Das Leiden verstehen, eine geschickte Möglichkeit finden, damit umzugehen, und ihr diese vorschlagen ist die erste Bedingung für einen Erfolg. Die zweite Bedingung ist, dass Sie frisch und liebevoll sind. Wenn Sie frisch und liebevoll sind, wird sie Ihnen zuhören. Wenn nicht, wird er sich abwenden und nichts aufnehmen. Diese beiden Bedingungen sind die Grundlage, um die Lehre und die Praxis weiterzugeben. Wenn Sie praktizieren, ist es am besten, wenn Sie ganz natürlich üben, wie das Leben selbst. Die Hand eines Kindes nehmen, ganz einfach leben, nicht mehr. Nicht so aussehen, als ob sie übten. Das ist sehr wichtig. Wenn Sie also die Praxis in Ihre

Familie bringen wollen, sollten Sie geschickt, nicht zu formell sein. Am Anfang brauchen Sie keine Räucherstäbchen, keine Buddhastatue, kein Rezitieren. Sie tun nicht so, als würden Sie praktizieren und der oder die andere nicht. Wenn Sie stolz darauf sind, dass Sie üben und er oder sie nicht, dann wird das schief gehen. Sie üben formlos und werden dabei frischer und frischer und auch verständnisvoller, liebevoller – und Sie lassen sich von einer schwierigen Situation nicht durcheinander bringen. Und eines Tages wird Ihr Partner beeindruckt sein und fragen: »Wie machst du das?« Und dann können Sie sich mitteilen. Sie müssen erst bei sich selbst Erfolg haben, dann wird die andere Person Sie bewundernd fragen, wie Sie so cool und ruhig in einer schwierigen Situation bleiben konnten.

Wenn die andere Person die Lehre des Buddha nicht akzeptiert und die Praxis irritierend findet, dann liegt es an der Art und Weise, wie Sie üben, wie Sie sich mitteilen. Vielleicht sollten Sie den anderen fragen, wie er sich in einer solch schwierigen Situation verhalten würde, um da wieder herauszufinden. Und dabei üben Sie tiefes Zuhören. Wenn Sie tiefes Zuhören üben, wird das eine gute Atmosphäre für Kommunikation herbeiführen. Wenn Sie der anderen Person wirklich zuhören können, mit der Absicht zu verstehen, dann wird auch sie Ihnen zuhören. Deshalb ist auch die Praxis des tiefen Zuhörens, des mitfühlenden Zuhörens sehr wichtig. Sie hilft Ihnen, das Leiden der anderen Person zu verstehen und die Tür der Kommunikation zu öffnen. Wenn die Tür der Kommunikation nicht offen ist, werden Sie nichts teilen können, werden Sie nichts vermitteln können – egal wie eloquent Sie sind.

Wenn wir jemanden sehen, der wütend ist, verwirrt, sich unwohl fühlt, sollten wir die Frage stellen, warum er so ist. Diese Person ist nicht fähig, mit ihrem Leiden umzugehen, mit der Irritation, der Wut in ihr. Sie leidet und sie lässt auch die Menschen um sie herum leiden. Und wir machen vielleicht genau dasselbe. Wir haben Blöcke des Leidens in uns, wir wissen nicht, wie wir sie umarmen können und wie wir mit dem Leiden in uns umgehen sollen. Wir leiden und wir lassen auch die Menschen, die wir lieben, leiden, und so tun wir genau dasselbe wie die andere Person, selbst wenn wir anführen, dass wir ja praktizieren würden. Wir praktizieren aber nicht richtig, denn wir wissen nicht, wie wir mit unserem inneren Leiden umgehen sollen. Wenn wir nicht fähig sind, unser eigenes Leiden zu handhaben, wie wollen wir dem Leiden im anderen begegnen? Aber wenn wir wissen, dass er sich so verhält, weil er nicht weiß, wie er mit seinem Leiden umgehen kann, werden wir nicht mehr ärgerlich sein. Wir wissen dann, dass wir dieser Person helfen sollten, nicht sie bestrafen. Wenn Sie solche Einsichten haben, sind Sie nicht mehr durcheinander, und Sie sind fähig, ruhig einzuatmen und mit einem Lächeln auszuatmen. Wenn Sie das nicht verstehen, dann ist es egal, wie oft Sie ein und ausatmen, es wird Sie nicht weiterbringen. Deswegen sollte unsere Praxis vom Element des Verstehens und des Mitgefühls geleitet werden. Sie atmen für sich selbst ein, aber Sie atmen auch für ihn ein. Er weiß nicht, wie er atmen soll, und deshalb müssen Sie für sie beide atmen. Mit Mitgefühl zu atmen wird Sie ruhig werden lassen und Ihre Frische wieder herstellen. Und wenn Sie frisch und ruhig geworden sind, werden Sie der anderen Person helfen können – erst dann. Wenn Sie ins Atemzimmer gehen und atmen, kann es sein, dass Sie nur die Form üben. Das bringt Ihnen keine Transformation – und auch ihm nicht. Deshalb muss Ihnen beim Einatmen bewusst werden, dass Leiden in Ihnen ist, dass Leiden in ihm ist. Ihnen beiden sollte geholfen werden, Bestrafung ist unsinnig. Mit diesem Mitgefühl umarmen Sie sich selbst, Sie umarmen damit auch die andere Person, und die Dinge werden sich ändern. Sie genießen Ihr Einatmen, Ihr Ausatmen und wissen, dass Sie so für sich selbst, aber auch für ihn atmen. Das ist bereits die Praxis der Liebe. Sie sagen nicht: »Ich praktiziere und er nicht, er will die Praxis nicht annehmen.«

Wenn das Element des Mitgefühls, der Gewaltlosigkeit in uns selbst wahr geworden ist, leiden wir weniger, wir können eine Art Glück empfinden, Freude, denn ein Mensch ohne Mitgefühl kann nicht glücklich sein, er kann anderen Menschen nicht vertrauen. Deshalb ist Mitgefühl so wichtig. Damit wir mitfühlen können, müssen wir verstehen. Wenn wir nicht verstehen, ist es unmöglich, mitfühlend zu sein und zu lieben. Verstehen ist sehr wichtig – aber was verstehen? Das Leiden. Dieser Mensch leidet innerlich sehr und er weiß nicht, wie er mit diesem Leiden umgehen soll, deswegen leidet er so und lässt mich ebenso leiden. Ich muss versuchen, ihm zu helfen und mich nicht über ihn zu ärgern, ihn nicht bestrafen. Mit diesem Verständnis können Sie praktizieren und sich ändern. Frieden, Freude sollten immer erst in uns erwachsen. Das war eine lange Antwort …

@

Wenn die Liebe zwischen einem Mann und einer Frau wegen zu vieler Fehler auf beiden Seiten verloren gegangen ist, aber man trotzdem zusammenbleiben will, weil es viele Dinge gibt, die man teilt, wegen der Kinder und so weiter, wie kann man weitermachen, wie kann man neu beginnen?

Gestern sagte ich, dass das größte Geschenk, das Eltern ihren Kindern machen können, ihre eigene Harmonie ist. Wenn Sie glauben, dass Sie zusammenbleiben sollten, damit ihre Kinder nicht leiden, dann wissen Sie, dass mehr dazu gehört, als nur zusammen zu sein. Sie glauben, dass Ihre Liebe für ihn bereits erloschen, bereits tot ist, aber ich bin mir nicht so sicher. Vielleicht waren Sie beide nicht immer geschickt und haben sich gegenseitig Leiden verursacht. Es gibt viele Schichten von Leiden, die die Samen der Freude, der Liebe, des Glücks, die am Beginn Ihrer Beziehung präsent waren, überdecken. Es ist möglich, diese Schichten des Leidens zu durchdringen, damit wir wieder zu der Liebe gelangen, die in der Tiefe unseres Bewusstseins liegt.

Wenn Sie einmal Zeit für sich finden, dann können Sie vielleicht Ihre Aufmerksamkeit auf den Anfang Ihrer Beziehung lenken und versuchen, diese Momente des Glücks wieder aufleben zu lassen, sie wieder zu erleben.

Ich kenne eine Frau, die keinerlei Freude mehr im Zusammenleben mit ihrem Mann empfinden konnte. Eines Tages fand sie die Liebesbriefe, die ihr Mann am Anfang ihrer Beziehung geschrieben hatte. Aus Neugier, um zu sehen, wie er am Anfang geschrieben, wie er gesprochen hatte, wollte sie einen der Briefe lesen. Nachdem sie den ersten Brief gelesen hatte, fühlte sie sich sehr wohl, denn das war die Art Sprache, die sie am Anfang der Beziehung sehr glücklich gemacht hatte. Deshalb nahm sie die Schachtel mit den Liebesbriefen und las die mehr als vierzig Liebesbriefe, die ihr Mann ihr geschrieben hatte.

Sie verbrachte viele Stunden damit, diese Briefe zu lesen. Diese Briefe zu lesen war wie ein Regen, der in das Erdreich des Bewusstseins eindrang und die Samen des Glücks, der Liebe berührte, die tief vergraben waren. Und sie konnte den liebenswerten Mann wieder entdecken, den sie in der Vergangenheit so geliebt hatte. Als diese Erinnerungen zurückkamen, blühte ihre Liebe wieder auf, und sie war in der Lage, einen wirklichen Liebesbrief an ihren Mann zu schreiben.

Bevor sie diese Briefe erneut gelesen hatte, hätte sie nicht geglaubt, dass sie in der Lage wäre, so mit ihm zu sprechen, ihm in dieser Sprache zu schreiben. Aber nachdem sie diese Briefe gelesen hatte, war sie ganz verwandelt und konnte ihm einen liebevollen Brief schreiben.

Ihr Mann rief sie aus New York an und sie konnte in einer ganz liebevollen Stimme mit ihm sprechen, einer Stimme, die sie schon lange nicht mehr benutzt hatte. Es war ihnen möglich, sich zu versöhnen, wieder zusammenzufinden, glücklich zu sein, nur weil sie die vierzig Briefe, die sie in einer Schachtel aufbewahrt hatte, wieder gelesen hatte.

Ich möchte Ihnen raten, Liebesbriefe, die Sie erhalten, aufzuheben. Wenn sie oder er Ihnen eine E-Mail schreibt, sollten Sie sie ausdrucken und aufbewahren und nicht löschen.

Mein Vorschlag an dieses Paar ist, dass es möglich ist, die alte Liebe wieder aufleben zu lassen, wieder glücklich miteinander zu sein und das Leiden, das durch Unachtsamkeit und mangelndes Geschick entstanden ist, zu transformieren. Mit dieser Praxis können sie wieder zusammenkommen und das ist das Beste, was sie ihren Kindern geben können.

Ich fühle mich in Plum Village sehr wohl und sicher, aber anderswo werde ich oft diskriminiert. Was sagt der Buddhismus zur Homosexualität?

Viele von uns kennen Diskriminierung und manchmal wollen wir einfach nur schreien in unserem Wunsch nach Gerechtigkeit. Vielleicht kommen Sie sogar in Versuchung, gewaltsame Mittel zur Beseitigung solchen Unrechts anzuwenden. Wir gehören vielleicht zur so genannten Dritten Welt, zu einer bestimmten Rasse oder haben eine bestimmte Hautfarbe, oder wir sind schwul oder lesbisch und wurden deshalb schon seit Jahrtausenden unterdrückt. Wie können wir uns davon befreien, Opfer von Diskriminierung zu sein?

Im Christentum sagt man, dass Gott die Welt geschaffen habe, und man trennt zwischen dem Schöpfer und der Schöpfung. Wenn ich eine Blume sehe, dann weiß ich, dass sie ein Geschöpf Gottes ist. Als praktizierender Buddhist weiß ich, dass es eine Verbindung zwischen beiden geben muss, sonst wäre Schöpfung nicht möglich. Die Blume könnte sagen, dass Gott eine Blume ist. Ich würde ihr zustimmen, denn es muss das Element Blume in Gott geben, damit eine Blume entstehen konnte. Deshalb kann die Blume mit Recht behaupten, dass Gott eine Blume ist.

Ein Weißer kann sagen, dass Gott weiß ist, und der Schwarze darf sagen, Gott ist schwarz. Ich glaube selbst auch, dass Gott schwarz ist. Aber Gott ist nicht nur schwarz. Gott ist außerdem weiß und eine Blume. Wenn eine lesbische Frau tief praktiziert, findet sie heraus, dass Gott lesbisch ist. Wie sonst könnte es sie geben? Gott ist lesbisch und Gott ist schwul. Gott ist nichts weniger als all das.

Wenn wir gegen Schwarz, Weiß, Blumen und Lesben Vorurteile haben, dann diskriminieren wir damit Gott, das grundlegende Gute in uns. Wenn die Opfer solcher Unterdrückung tief schauen, erkennen sie aber, dass sie alle die gleiche wunderbare Verbindung zu Gott haben. Diskriminierung entsteht aus mangelnder Einsicht. Können Sie das verstehen, dann sagen Sie sich: Der andere weiß nicht, was er tut. Er verursacht eine Menge Leiden für sich und seine Umgebung. Ich werde versuchen, ihm zu helfen. Ihr Herz öffnet sich wie eine Blume und es gibt für Sie kein Leiden mehr. Sie haben keinerlei Komplexe und werden zu einem Menschen, der auch und gerade denen hilft, von denen er früher unterdrückt wurde.

Lieber Thay,
seit mehr als vier Jahren hat meine Schwester nicht mehr mit meiner Mutter gesprochen. Ihre Beziehung ist sehr angespannt und die Art, wie meine Schwester sich verhält, berührt mich sehr. Es ist so, als ob sie meine Mutter verleugnete. Nun ist meine Schwester auch Mutter geworden, aber sie hat ihr Verhalten immer noch nicht geändert. Meine Mutter ist sehr traurig, weil sie nicht weiß, warum meine Schwester sich so verhält. Ich würde gerne mit meiner Schwester über all das reden, aber ich weiß nicht, was ich tun soll, um beiden zu helfen, sich zu verstehen.

Bitte, können Sie mir helfen, denn das Verhalten meiner Schwester trägt dazu bei, dass viele Menschen leiden, und ich kann es nicht mehr aushalten.

Die Praxis des tiefen Schauens offenbart uns, dass wir die Fortführung unseres Vaters, unserer Mutter sind. Wir haben all die Samen unserer Mutter, unseres Vaters, unserer Vorfahren erhalten – sie sind in uns. Wir können sie nicht mehr loswerden. Wir sind ihre Fortführung, das ist Tatsache. Wir können mehr sein, aber im Grunde sind wir ihre Fortführung. So wie die Ähren die Fortführung der Getreidepflanze sind. Deshalb ist eine Mutter in uns, mit der wir uns versöhnen können. Und diese Mutter ist nicht eine ganz andere Person. Sie sind weder die gleiche noch eine andere Person als Ihre Mutter. Dies ist die Lehre des Buddha. Ich rate Ihnen, sich mit dieser Lehre intensiver zu befassen.[6] Dann werden Sie fähig sein, Ihrer Schwester zu helfen. Die Praxis, wenn sie richtig angewandt wird, wird großen Erfolg zeitigen und Veränderungen bewirken. Wenn wir tief in die Natur unseres Leidens schauen, unserer Schwierigkeiten – die Erste Edle Wahrheit – dann wird die Zweite Edle Wahrheit, »wie und warum das Leiden« entstanden ist, aufscheinen. Wenn wir die Zweite Edle Wahrheit verstehen, dann verstehen wir die Dritte Edle Wahrheit, dass es einen Weg gibt, der aus dem Leiden führt; einen Weg, der Glück und Freude bringen wird, was der Vierten Edlen Wahrheit entspricht.

---

6 Siehe *Die Kunst des glücklichen Lebens,* Berlin: Theseus Verlag, 2001, S. 139 ff.

Mit der Praxis des tiefen Schauens, des liebevollen Sprechens und tiefen Zuhörens haben viele Paare, viele Menschen ihre Kommunikation und ihre Freude wieder hergestellt.

Ich erinnere mich, dass wir vor zwei Jahren im Norden Deutschlands ein großes Achtsamkeitsretreat abgehalten haben. Wir übten Atmen, Sitzen, Gehen, zur Ruhe kommen, Lächeln, und am fünften Tag war jeder dazu aufgefordert, tiefes Zuhören und liebevolles Sprechen zu üben, um sich zu versöhnen. Es wurde eine Frist vereinbart – bis Mitternacht –, um die Praxis zu verwirklichen. Am nächsten Morgen kamen vier Männer zu mir und erzählten, dass sie in der letzten Nacht dazu fähig gewesen waren, sich mit ihren Vätern auszusöhnen, und zwar nur durch ein Telefongespräch, denn ihre Väter waren nicht auf dem Retreat. Das war ein Wunder, denn vor dem Retreat waren sie der festen Überzeugung, dass es unmöglich sei, sich zu versöhnen. Und schon nach fünf Tagen Praxis waren sie fähig, tief zuzuhören und liebevoll zu sprechen. Nicht nur wegen ihrer Absicht dies zu tun, sondern auch weil sie es sich während der fünf Tage erlaubten hatten, dass die Samen der Weisheit, des Mitgefühls und des Verstehens in ihnen gewässert wurden. Deswegen hatten sie am fünften Tag genügend Weisheit, Verständnis und Mitgefühl, um die Praxis des tiefen Zuhörens und liebevollen Sprechens anzuwenden. Sie waren damit innerhalb einer oder zwei Stunden erfolgreich. Und ich bin sicher, dass es in diesem Retreat mehr Menschen gab, die das realisierten – aber sie waren zu schüchtern und sprachen nicht darüber. Es ist also nicht so schwierig, wie es aussieht. Wenn wir üben, die guten Samen in uns zu wässern, werden wir nach einer Woche die Fähigkeit haben, uns zu versöhnen, indem wir die Werkzeuge des Zuhörens und der liebevollen Rede benutzen.

Bitte versuchen Sie es.

◎

Ich bin 19 Jahre alt und habe ein Drogenproblem. Ich habe es geschafft, keine Tabletten mehr zu nehmen, weil ich Freunden versprochen habe, keine mehr zu nehmen. Aber ich rauche immer noch jeden Tag Marihuana und rauche Zigaretten, seit ich 15 Jahre alt bin. Seit ich hier bin, seit Ende Juli, habe ich aufgehört, aber meine Stimmungen gehen ständig rauf und runter. Manchmal habe ich das Gefühl, dass ich nicht mehr in dieser Welt sein möchte. Ich glaube, es gibt zwei Gründe, warum ich dieses Problem habe: Erstens sind meine Eltern unglücklich. Meine Mutter möchte uns gerne verlassen, aber es wäre ein zu großer Schmerz für meinen Vater. Ich erinnere mich, ihn oft nach einem großen Streit weinen gesehen zu haben. Meine Mutter und ich streiten fast jeden Tag und sie sagt, ich sei dumm, aber wir wissen beide, dass wir uns lieben. Meine ältere Schwester, mit der ich immer zusammen war, ist vor 3 Jahren ausgezogen.

Der zweite Grund ist, dass all meine Freunde rauchen.

Wie kann ich meine und auch die Probleme meiner Eltern lösen, so dass ich nicht immer diesen Schmerz in meinem Körper spüre? Und wie kann ich mit meinen Freunden zusammenkommen und ihnen beim Rauchen nur zuschauen oder ihnen helfen, auch aufzuhören?

Dies ist eine Achtsamkeitsglocke für uns alle.

Wir müssen etwas tun, um die Atmosphäre in der Familie zu verbessern. Wir müssen etwas tun, um das Umfeld zu verändern, das ziemlich übel ist. Alle Ihre Freunde rauchen. Man riskiert, sich lächerlich zu machen, wenn man nicht mitraucht. Das ist ein ganz schlechtes Umfeld. Als Sie nach Plum Village kamen, war es Ihnen möglich, sofort mit dem Rauchen aufzuhören, weil hier keiner raucht. Mit Hilfe der Sangha können Sie den Drogen widerstehen. Aber wenn Sie heimkehren, wird es keine Sangha geben und so besteht die Gefahr, dass Sie wieder in den Abgrund stürzen. Mit Hilfe Ihrer Frage können wir sehen, dass nicht nur die Atmosphäre in der Familie schlecht ist. Die Situation in der Schule und der Gesellschaft sind ebenso schlecht. Wir brauchen Bodhisattvas, die kommen, um uns zu retten, die sich zusammensetzen und über eine Strategie, wie man jungen Leute wie Ihnen helfen kann, diskutieren. Sie rufen um Hilfe.

Zwei Wochen in Plum Village zu sein hat Ihnen geholfen. Ich hoffe, Sie können länger in Plum Village bleiben. Ich denke, wenn Ihre Eltern zur Praxis finden und sich verändern würden, dann wäre das auch für Sie sehr hilfreich. Nachdem sie sich verändert hätten, sollten sie darüber nachdenken, in eine andere Umgebung zu ziehen, die besser für ihr Kind ist. Ich hoffe, dass diese Antwort die Eltern erreicht und ihnen hilft, ihre Situation zu erfassen und zu erkennen, dass die Situation gefährlich ist, nicht nur für sie selbst, sondern auch für ihr Kind und für andere Kinder genauso.

Wir haben über das Bodhisattva-Ideal gesprochen. Wir sollten uns bemühen, uns in einen Bodhisattva zu verwandeln, damit wir uns engagieren, um solchen Familien zu helfen, diesen Kindern, diesen Teenagern, die leiden.

Unsere Gesellschaft ist sehr weit entwickelt, was die Industrie betrifft und den Reichtum. Wir konsumieren sehr viel, und doch leiden wir sehr tief. Es gibt Länder, in denen die Menschen ärmer sind, aber die Situation in den Familien nicht so bedrückend ist. Wir können mit weniger Konsum glücklicher sein. Diejenigen von uns, die sich mit der Qualität des Lebens in der Gesellschaft beschäftigen, sollten darüber nachdenken. Wir sollten zusammenkommen, um Strategien zu entwickeln und mitzuhelfen, unsere Gesellschaft zu verändern und nicht weiter den Weg des Konsums zu gehen und das Leben, das wir in der Vergangenheit geführt haben, fortzusetzen. Diese Frage ist uns allen als Achtsamkeitsglocke angeboten worden.

Wenn Sie gut praktizieren, gesund werden und die Energie eines Bodhisattva entwickeln, werden Sie vielleicht fähig sein, heimzugehen und Ihren Eltern zu helfen, sich zu verändern. Ich habe schon viele Fälle erlebt, in denen zunächst die Kinder zu üben begannen, sich veränderten und dann ihre Eltern inspirierten, auch zu üben und sich zu verändern. Ich habe viele solche Fälle gesehen. Wenn Sie also die Praxis tiefer kennen lernen, wenn Sie Ihre Gesundheit wiederherstellen, Ihre Freude und Inspiration entdecken, der Welt zu helfen, Ihrer Familie zu helfen, werden Sie durch Ihre Frische und Ihre Liebe fähig sein, Ihren Eltern zu helfen. Und Sie haben die Sangha hinter sich. Die Sangha kann Ihnen dabei helfen, dies zu tun.

۞

Ich habe ein Problem, das mit meiner Familie zu tun hat. Es geht um einen Konflikt mit meinem Vater. Er ist sehr traditionsbewusst und sehr verschlossen, sehr schwer zu erreichen. Nachdem Sie einmal vorgeschlagen haben, einen Brief an unsere Eltern zu schreiben, in dem wir ihnen unsere Wertschätzung ausdrücken, habe ich einen solchen Brief an ihn geschrieben. Seine Antwort war – ich war nicht selbst zugegen, meine Mutter hat es mir erzählt –, dass er nicht glauben konnte, dass ich freundliche Dinge über ihn sagte, er konnte es nicht ernst nehmen. Und manchmal, wenn ich oder eine meiner Schwestern ihm einen Brief schreiben, liest er ihn nicht einmal; ich weiß nicht, warum. Vielleicht fühlt er sich herausgefordert.

Das Problem hat sich nun zugespitzt. Ich habe mich von meinem Mann getrennt und seit fünf Jahren eine neue Beziehung, die gefestigt und glücklich ist – aber mein Vater akzeptiert das überhaupt nicht. Er weigert sich, sie anzuerkennen, und ich kann meine Familie nicht mit meiner neuen Familie besuchen. Wenn ich zu Besuch komme, kann ich nur mit meiner Tochter hinfahren. Wenn ich dort bin, darf ich keine Anrufe meines neuen Partners entgegennehmen, ich darf seinen Namen nicht nennen und so weiter.

Bisher habe ich das so hingenommen und habe vorgegeben, dass es so in Ordnung ist, aber jetzt habe ich das Gefühl, dass ich das nicht mehr kann, denn ich möchte gerne erwachsen werden und kann es nicht mehr aushalten, wie ein Kind behandelt zu werden. In mir ist so etwas wie ein großes »Nein«, ich kann das nicht mehr so akzeptieren. Die Konsequenz ist, dass ich keine Lust mehr habe, meine Familie zu besuchen, ich fühle mich sehr entfremdet. Meine Mutter versteht mich, aber sie leidet darunter, wenn ich nicht mehr zu Besuch komme, und meine Tochter hat keine Gelegenheit mehr, ihren Großvater zu sehen. Ich fühle einen großen Konflikt, ich weiß nicht, was ich tun soll. Ich möchte den Konflikt nicht eskalieren lassen, auch nicht den Ärger. Ich fühle einen starken Widerwillen. Und so hoffe ich auf Ihre weise Antwort.

Ich denke, das Erste, was man tun sollte, wenn man Schwierigkeiten in einer Beziehung wahrnimmt, ist nicht, nur eine Seite dafür verantwortlich zu machen, denn die andere Seite ist ebenso verantwortlich. Die »Ungeschicktheit« kommt nicht nur von der einen Seite, sondern von beiden Seiten. Dies ist sehr wichtig für Praktizierende zu wissen. Wenn Sie das erkennen, werden Sie sofort aufhören, die andere Seite zu tadeln – und leiden auch sofort weniger. Ob die andere Seite darauf reagiert oder nicht – zu erkennen, dass wir für unser Leiden mitverantwortlich sind, kann das Leiden unmittelbar verringern. Es hilft uns, Mitgefühl zu entwickeln, und wir werden über den anderen Menschen anders denken. Sofort. Denn wir können das Leiden sehen und so leiden wir selbst gleich weniger. Das ist der erste Vorschlag, den ich mache.

Der zweite Vorschlag: Als Tochter haben sich all die Samen Ihres Vaters auf Sie übertragen, ebenso die Ihrer Mutter. Und Sie müssen ganz vorsichtig sein, denn es ist möglich, dass Sie in Zukunft Ihre Kinder genauso behandeln, wie Ihre Mutter oder Ihr Vater Sie behandelt hat.

Das nennen wir im Buddhismus *samsara*, den Teufelskreis. Deswegen müssen wir in unserem Alltag genau hinsehen, wie wir agieren, wie wir denken, wie wir reagieren, wenn es um unsere Kinder geht, wenn wir nicht wollen, dass ein bestimmtes Verhalten weitergeht. Denn unser Vater ist nicht nur dort draußen, er ist auch in uns, und Sie müssen ihm in Ihnen helfen, sich zu verändern. Und wenn Sie ihm nicht in Ihnen selbst helfen können, sich zu verändern, werden Sie ihm auch dort draußen nicht helfen, sich zu verändern. Helfen Sie zuerst dem Vater in Ihnen, sich zu verändern. Ihrem Vater in Ihnen zu helfen steht in Ihrer Macht. Praktizieren Sie das in Ihrer Beziehung zu Ihrem neuen Partner und der Beziehung zu Ihrem Kind, damit die Kommunikation zwischen Ihnen und Ihrer Familie nicht so wird, wie die zwischen Ihnen und Ihrem Vater. Sie müssen sie bitten, Ihnen zu helfen: »Mein Lieber, habe ich dir mit meiner Art zu sprechen Leiden zugefügt? Bitte sag mir das, damit ich mich nicht weiterhin so verhalte.« Das ist eine sehr wichtige Übung. Sie sollten sicherstellen, dass die Schwierigkeiten sich nicht fortsetzen. Ich denke, dass eine Verbindung zu Ihrem Vater möglich werden wird, wenn Sie das erreicht haben, denn die Selbstveränderung bringt immer auch die Veränderung der anderen Person mit sich. Wenn Sie so praktizieren, werden Sie weniger leiden, Sie werden viel mehr Freude haben und Sie werden weniger unter der Tatsache leiden, dass Sie nicht zu Ihrer Familie gehen können, denn jetzt verstehen Sie mehr, und Sie können das Leiden in Ihrem Vater erkennen. Sie sollten ihm Zeit geben, sich zu verändern.

Es gibt eine Nonne in Plum Village die sehr gerne als Nonne ordiniert werden wollte, ihre Mutter war aber sehr dagegen. Ihre Mutter war Buddhistin, eine hingebungsvolle Buddhistin, mit großem Respekt gegenüber der Mönchs- und Nonnengemeinschaft, und doch wollte sie nicht, dass ihre Tochter eine Nonne wird. Weil die Tochter so gerne eine Nonne werden wollte, entschloss sie sich, dies auch gegen den Willen ihrer Mutter zu werden. Ihre Mutter weigerte sich daraufhin, mit ihr zu reden. Immer wenn sie zu Hause anrief, weigerte sich ihre Mutter, mit ihr zu sprechen. Das ging zwei Jahre lang so. Aber schließlich wurde ihre Mutter doch sehr stolz darauf, dass ihre Tochter Nonne geworden ist, denn ihre Tochter ist jetzt eine gute Dharmalehrerin, die viele Menschen glücklich macht. Viele Menschen, die die Mutter besuchten, erzählten ihr, dass ihre Tochter freudig praktiziert und vielen Menschen Freude bereitet, und so wuchs der Stolz auf ihre Tochter.

Heute ist ihre Beziehung sehr viel besser, sogar besser als vor der Ordination der Tochter. Geduld ist ein Beweis für unsere Liebe. Wenn Sie wirklich lieben, werden Sie Geduld haben. Sie lieben Ihren Vater dadurch nicht weniger, aber Sie leiden nicht mehr. Sie haben mit ihm nur Mitgefühl und Sie können warten. Wenn ein Brief nicht ausreicht, werden zwei Briefe helfen oder drei, vier, fünf Briefe. Ich bin sicher, dass Sie Erfolg haben werden, wenn Sie meinen Vorschlägen folgen.

Sie haben gesagt, dass es sehr schwer ist, als Sohn glücklich zu sein, wenn der Vater leidet. Bei mir scheint es so zu sein: Mein Vater leidet und ich bin auch unglücklich – unter anderem deswegen. Was kann ich denn tun, damit das Leiden aufhört?

Verstehen. Das Leiden des Vaters zu verstehen kann schon Erleichterung für den Vater bringen. Wir sollten in der Lage sein, unserem Vater zu zeigen, dass wir sein Leiden verstehen können. Es gibt viele Möglichkeiten dies zu tun: Wir können ihm zuhören, ihm einen Brief schreiben, ihn bitten, uns von seinem Leiden zu erzählen. Wir müssen ihm zeigen, dass wir uns um ihn sorgen. Wir können sagen: »Lieber Vater, wenn du leidest, gibt es keinen Weg für mich, wirklich glücklich zu sein.« Es gibt einen Vater in uns, denn wir tragen unseren Vater in jeder Zelle unseres Körpers. Wir sollten lernen, zu diesem Vater, der in uns ist, zu sprechen, ihm helfen, sich zu entspannen, zu verstehen, mitfühlend zu sein. Nachdem wir uns mit unserem Vater in uns versöhnt haben, wird es viel einfacher werden, uns mit dem Vater, der außerhalb von uns ist, zu versöhnen. Wenn Sie sich dazu entschließen können, einen liebevollen Brief an ihn zu schreiben, werden Sie selbst weniger leiden und Sie werden ihm helfen, auch weniger zu leiden.

Ich möchte Ihnen gerne die Geschichte eines vietnamesischen Mönches erzählen, der versucht hat, sich mit seinem Vater zu versöhnen, der ein wichtiges Mitglied der Kommunistischen Partei war. Als der Vater hörte, dass sein Sohn in Plum Village zum Mönch ordiniert werden sollte, wurde er sehr wütend. Für einen engstirnigen Kommunisten bedeutete das Verrat an der Ideologie, am Vaterland, der Partei, der Familie, den Ahnen und so weiter. Er weigerte sich, mit dem Sohn am Telefon zu sprechen. Nachdem er uns um Rat gefragt hatte, schrieb dieser junge Mönch einen Brief an seinen Vater. Er begann den Brief mit diesen Worten: »Lieber Vater, ich möchte dich gerne wissen lassen, dass ich hier sehr glücklich bin, denn alle Brüder im Upper Hamlet mögen mich und sie sagen, dass ich viele gute Qualitäten habe. Zu Anfang habe ich nicht so recht daran geglaubt, dass ich so viele gute Qualitäten habe, aber nachdem so viele der Brüder das sagten, begann ich daran zu glauben. Und wenn ich tief schaue, dann kann ich erkennen, dass all diese positiven Qualitäten mir von dir übertragen wurden, Vater. Wenn du diese Qualitäten nicht hättest, gäbe es keine Möglichkeit für mich, sie in mir zu genießen. Ich fühle mich meinem Vater und meinen Ahnen gegenüber sehr dankbar, und ich möchte gerne viel mehr über meine Ahnen wissen. Vater, könntest du mir schreiben und mir mehr über sie erzählen?«

Der Vater hatte sich bisher geweigert, mit dem Sohn zu telefonieren, er beantwortete keinen der Briefe, die ihm sein Sohn geschrieben hatte. Nachdem er aber diesen Brief gelesen hatte, antwortete er in einem sehr langen Brief – ungefähr zehn Seiten lang. Er erzählte ihm von den Vorfahren, von den Qualitäten der Vorfahren, denn er war stolz darauf, dass er einen Sohn hatte, der die Werte und die Qualitäten der Familienlinie wertschätzte.

Später, wenn einer der Brüder aus Plum Village nach Vietnam reiste und diesen Vater besuchte, war dieser sehr stolz darauf, diese Mönche aus Plum Village anderen Parteimitgliedern und Regierungsmitgliedern vorzustellen. »Es sind Kollegen meines Sohnes.«

Sie brauchen nicht viele Briefe schreiben, einer reicht. Aber Sie müssen darüber meditieren und tief schauen, um zu wissen, was Sie mit diesem Brief erreichen können.

Es ist meine Überzeugung, dass wenn Sohn oder Tochter gut praktiziert, auch die Eltern davon profitieren werden.

Letzten Sommer wurde ich schwanger, aber die Bedingungen dafür waren schlecht. Die Entscheidung für eine Abtreibung war sehr schmerzvoll, geschah aber aus Mitgefühl. Ich habe mich mit der Familie, Freunden und Ärzten beraten. Sie schreiben: »Wenn eine Frau an Abtreibung denkt, zittern alle Vorfahren.« Ich glaube, dass viele Frauen ihren Schmerz, ihre Schuld- und Schamgefühle geheim halten, weil Abtreibung so negativ gesehen wird. Bitte geben Sie ihnen, geben Sie uns, die wir im Stillen leiden, eine liebevolle Perspektive dazu.

Abtreibung ist eine Handlung, die Leben unterbricht und dem Leben schadet. Nicht nur dem des Babys, auch dem der Frau. Wenn wir abtreiben, sterben auch wir irgendwie und dieses Sterben kann lange Zeit anhalten.

Zunächst müssen wir die Situation genau betrachten, um eine richtige Entscheidung zu treffen. Das Prinzip sollte Verhütung sein. Wir sollten so leben, dass diese Art Entscheidung nicht notwendig wird. Wenn wir warten, bis sich eine solche Situation eingestellt hat, ist es zu spät. Deshalb sollten wir all unsere Aufmerksamkeit darauf richten, wie wir leben, wie wir die Bedingungen formen, um Abtreibung vermeiden können. Das ist eine Übung und zwar für unsere ganze Gesellschaft.

Wir müssen voraussehen, was passieren wird und tief schauen, um herauszufinden, wie wir Verhütung praktizieren können. Wenn es zu einer solchen Situation gekommen ist, wird die Entscheidung nämlich immer schmerzlich sein, ob so oder so. Leiden ist in jedem Fall bereits entstanden und es geht nur noch darum, es auf ein Minimum zu reduzieren und kein weiteres zu erzeugen.

Dazu brauchen wir Einsicht und Weisheit. Es ist nicht nur eine Sache unserer Bequemlichkeit. Und es gibt keine passende Antwort für jede Situation. Es ist immer im Einzelfall zu entscheiden. Ein Ja oder Nein kann niemals im Voraus gegeben werden. Wir müssen alle Umstände genau betrachten und die Einsicht der Betroffenen, der Menschen, die uns nahe stehen und die der ganzen Gemeinschaft hinzuziehen. Wir müssen von der kollektiven Einsicht profitieren, denn diese ist immer tiefer als die individuelle. Wenn Sie Zuflucht genommen haben, dann sollten Sie Achtsamkeit, Mitgefühl und tiefes Schauen mit der Gemeinschaft zusammen praktizieren und Buddha, Dharma und Sangha zu Rate ziehen.

Haben Sie dann Ihre Entscheidung getroffen, brauchen Sie sich keine weiteren Sorgen mehr zu machen. Sie haben dann von allem profitiert, was die Lehre anbietet, und alle, die Sie gefragt haben, sind mitverantwortlich. Sie sind nicht allein mit Ihrer Entscheidung und wissen, dass Sie Ihr Bestes gegeben haben. Das ist ein Kriterium, dem Sie folgen können. Was mehr Leid erzeugen wird, sollten Sie lassen, und was hilft, Leid zu verringern, können Sie tun. Eine solche Entscheidung sollte von der kollektiven Einsicht der Gemeinschaft getragen werden.

Vor drei Monaten hatte ich eine Fehlgeburt. Mein Mann und ich hatten sehr auf ein Kind gehofft. Jetzt habe ich Angst, vielleicht keine Kinder bekommen zu können. Wie kann ich wieder Frieden und Hoffnung finden?

Es scheint, dass dieses Baby noch nicht entschieden hatte, sich jetzt zu manifestieren. Vielleicht waren die Bedingungen nicht vollkommen ausreichend.

Bevor meine Mutter mich geboren hatte, hatte sie ebenfalls eine Fehlgeburt. Als ich ein kleines Kind war, fragte ich mich oft, ob ich wohl dieses Baby bin oder mein eigener älterer Bruder oder ein ganz anderes Kind meiner Mutter. Vielleicht hatte ich mich damals entschieden, dass es noch nicht an der Zeit war für mich und mich deshalb für ein, zwei Jahre wieder zurückgezogen? Mein Rat ist, Ihrem Kind selbst die Entscheidung über seine Manifestation zu überlassen.

Ich habe keine leiblichen Kinder, aber eine ganze Menge spiritueller Nachkommen. Auch in diesem Augenblick gehe ich mit vielen von ihnen schwanger. Ich übe, achtsam zu sein, um sie nicht zu verlieren. Es ist nicht nur ein Kind in mir, sondern viele Tausende gleichzeitig. Ich weiß, dass ich sehr gut aufpassen muss, um auch nicht nur zwei oder drei von ihnen zu verlieren. Mit jedem Atemzug, jedem Schritt möchte ich diese ungeborenen Kinder in mir nähren, mit Festigkeit, Freiheit und Wohlbefinden. Wir sind alle sehr darauf bedacht, uns fortzupflanzen und gute Nachkommen zu bekommen. Wir können das nicht nur auf genetischem, sondern auch auf spirituellem Wege tun.

Angenommen Sie bekommen keine leiblichen Kinder, dann könnten Sie es auch auf diesem – dem spirituellen Weg versuchen. Sie können sich aber auch umsehen und feststellen, dass es sehr viele Kinder aller Altersstufen gibt, die Liebe und eine gute Versorgung brauchen. Vielleicht möchten Sie Ihre Zeit, Liebe und Energie in solche jungen Leute investieren, damit sie sich auf positive Weise entwickeln können? Es gibt keinen Grund, besorgt zu sein, denn wir haben viele Möglichkeiten, uns fortzupflanzen.

Vor zwei Jahren kam ich zu Ihrem Retreat in Santa Barbara. Ich fühle mich von Ihren Büchern sehr inspiriert und auch von dem wenigen, das ich über Ihr Leben weiß. Besonders davon, dass Sie ein Sozial- und Friedensaktivist waren und ein Programm für die Jugendhilfe ins Leben gerufen haben. Ich hatte die Möglichkeit, an einem solchen Programm hier in diesem Land teilzunehmen. Nachdem ich auf diesem Gebiet gearbeitet hatte und zurück in die Wirtschaft ging, wollte ich gerne Geschäftsleuten dabei helfen, mehr mitfühlende Praxis in Ihre Geschäfte einzubringen. Ich wusste nicht, wie ich das tun sollte, und so nahm ich mir frei, um auf eines Ihrer Retreats zu kommen. Ich habe auch angefangen, in einer Sangha zu praktizieren. Nach etwa einem Jahr Auszeit arbeite ich nun in einer Organisation von Geschäftsleuten mit, die alle versuchen, mitfühlende Praxis in ihre Geschäfte einfließen zu lassen. Es fällt mir auf, dass es mir viel schwerer fällt, in der Intensität meiner Arbeit die Achtsamkeitsübungen zu praktizieren. Je mehr ich mit Verantwortung befasst bin, desto mehr werden die Achtsamkeitsübungen zu einer immer schwierigeren Herausforderung. Sie anzuwenden ist schwierig.

Ich bewundere immer mehr Ihre Hingabe und Konsequenz im Anwenden der Übungen, und ich frage mich, was Sie mir und anderen, die in der »Laienwelt« mit ihren Reklametafeln, Stundenplänen, Zeitrahmen und ihrer Arbeitsintensität leben – besonders jenen, die in einer bestimmten Position sind und danach streben, eine Veränderung herbeizuführen –, mitgeben könnten. Wie können wir diesen Übungen verpflichtet bleiben, auch wenn wir nicht in einer Sangha üben, so wie es die Mönche und Nonnen in Plum Village tun? Je mehr ich mich engagiere, desto schwieriger wird es.

Der Weg ist, Ihre Familie, Ihre Gruppe zu einer Sangha umzugestalten. Sie können Mitglieder Ihrer Familie, Ihrer Gruppe dazu einladen, Ihre Art zu leben zu übernehmen, eine Art zu leben, die uns mehr Frische, Glück, Frieden und Toleranz schenkt. Sie müssen mit Ihrer Art zu leben unter Beweis stellen, dass dies möglich ist, und zeigen, dass viele daraus Nutzen ziehen können. Es gibt Geschäftsleute, die fähig sind, die Praxis in ihr Geschäftsleben zu integrieren – nicht nur in ihre Familie, sondern auch in ihre Arbeit. Geschäftsleute sind sehr am Erfolg interessiert. Sie denken häufig Tag und Nacht an ihren Erfolg. Und sie erlauben es ihrem Geist oft, von diesem Wunsch, diesem Ziel erfolgreich zu sein, völlig besetzt zu sein. Bis zu dem Grad, dass sie ihr eigenes Leben und das Leben ihrer Familie ignorieren. Das Geschäft wird zu einer Art Diktator, der die ganze Energie, die ganze Zeit des Geschäftsmanns in Anspruch nimmt. Sie lassen ihre Frau und Kinder alleine, die darunter leiden. Die Kinder können ihnen das nicht vergeben. Diese Männer können ihren Kindern, ihrer Frau, ihrer Familie eine Menge Geld geben, und doch können die Menschen in der Familie ihnen nicht verzeihen, dass sie nicht für sie da sind. Sie haben einen Vater, aber eigentlich haben sie doch keinen. Sie haben einen Ehemann, aber eigentlich doch nicht.

Eine Frau namens Claudia kam zum Business Retreat nach Plum Village und sie erzählte, dass sie zu Anfang sehr stolz darauf gewesen sei, die Frau des Chefs zu sein. Sie genoss es sehr, Einladungen zu organisieren und dergleichen mehr, aber schließlich stellte sie fest, dass sie sehr alleine war, denn ihr Mann hatte keine Zeit für sie und für ihre Kinder. Als ihr Sohn ins Krankenhaus zu einer Behandlung musste, hatte der Vater keine Zeit. Sie musste die ganze Nacht alleine bei ihrem Sohn bleiben. Als sie selbst ins Krankenhaus musste, konnte er ebenfalls nicht kommen. Sie versuchte ihre Einsamkeit zu vergessen, indem sie sich in humanitären Hilfsorganisationen engagierte, sie studierte, um ihre Einsamkeit im Studium zu vergessen, aber nichts half. Sie weinte sehr viel. Ihr Mann sagte immer: »Weißt du Liebling, keiner kann mich derzeit ersetzen. Ich muss noch ein paar Jahre arbeiten, dann kann ich mich zurückziehen und all meine Zeit und Energie werden dir und den Kindern gehören.«

Sechs Monate später kam er bei einem Autounfall ums Leben und starb mit 51 Jahren. Er hatte behauptet, dass niemand ihn ersetzen könne, aber bereits nach drei Tagen hatten sie einen Nachfolger. Es gibt viele solche Beispiele im Geschäftsbereich, viel Leid entsteht.

Die Lehre, die wir Geschäftsleuten anbieten, schlägt vor, dass sie ihr Leben neu organisieren, um mehr Zeit zu haben, jeden Moment ihres Lebens tiefer zu leben; Zeit, sich um die Familie zu kümmern, um die Freunde. Es gibt da eine Annahme, die wir als falsch erkennen müssen, nämlich die, dass Glück im Erfolg liegt, dass Glück bedeutet, mehr Macht zu haben, mehr Reichtum, mehr Erfolg. Dies saugt uns in die Zukunft, wir sind nicht fähig, im gegenwärtigen Moment zu leben. Die Lehre des Buddha besagt, dass die Bedingungen für unser Glück im Hier und Jetzt schon vorhanden sind, und zwar mehr als genügend. Wenn Sie im Hier und Jetzt gegründet sind, können Sie heute sehr glücklich sein. Wenn Geschäftsleute Ihre Vorstellung von Erfolg und Glück überdenken, können sie sich verändern, können sie fähig werden, das Leben mehr auf den gegenwärtigen Moment zu fokussieren und Glück im Hier und Jetzt möglich zu machen; sie brauchen nicht auf die Zukunft zu warten.

Wenn Sie auf dieser Grundlage von Glück und Liebe leben, werden Sie größere Chancen haben, in ihrem Geschäft erfolgreich zu sein. Die Familie wird so am Geschäft teilhaben und das Geschäft sozusagen zu einer großen Familie werden lassen, in der Sie sich um die Angestellten kümmern können und das Geschäft zu einer richtig glücklichen Familie wird. Auch um die Arbeiter und ihre Familien können Sie sich kümmern. Wenn Ihr Geschäft ein Symbol des Glücks, der Freude ist, dann werden Sie wissen, dass Sie der Welt helfen können. Freude und Glück bedeuten nicht, viel Geld und Macht zu haben. Glück heißt, die Menschen um Sie herum glücklich zu sehen. Diese Art der Praxis sollte in die Geschäftskreise getragen werden. Das ist sehr wohl möglich und viele Geschäftsleute leben schon danach.

Lieber Thay,
ich habe eine sehr wunderschöne Woche hier verbracht. Wie viele andere werde ich heute nach Hause fahren und am Montag geht es zurück in eine Welt, die ganz anders ist: die Arbeitswelt.

Ich habe gestern Abend mit einem Freund gesprochen, den ich hier kennen gelernt habe. Er ist wie ich Selbständiger, wir sind ganz kleine Geschäftsleute. Für uns ist es eine immer wiederkehrende große Herausforderung: Wenn wir arbeiten wollen, Geld verdienen wollen, müssen wir an Aufträge kommen. Das heißt konkret, dass wir immer in einer Situation der Konkurrenz stehen. Wir sind nicht alleine. Der Freund, von dem ich spreche, ist Journalist. Wenn es um Aufträge geht, gibt es fünf Konkurrenten. Die Frage ist, wer ist der Schnellste?

In meinem Bereich, ich arbeite in der Organisationsentwicklung, Teamentwicklung, geht es oft um die Frage: »Ja, so ein Seminar, das klingt gut, haben Sie denn so etwas schon gemacht?« Oder es gibt eben Konkurrenten, die machen größere Worte oder arbeiten mit den Ellbogen. Die Frage, die für mich daraus resultiert, ist die: Mir scheint es so, als ob es ein immerwährender Kampf ist, dass wir also kämpfen müssen, um Aufträge zu bekommen. Gibt es eine Art achtsamen Kampf, ein achtsames Sich-Durchsetzen? Ein Durchsetzen gegen andere, ohne dass es gegen andere geht? So dass, wenn ich am anderen Morgen in den Spiegel schaue, ich sagen kann: Okay, du hast es auf die richtige Art gemacht!

Achtsamer Wettbewerb ist möglich. Genauso wie auch achtsames Alkoholtrinken möglich ist. Jemand sagte einmal: «Thay, verlangst du irgendwelche Vorbedingungen, bevor ich praktizieren kann? Muss ich aufhören, Alkohol zu trinken, bevor du mir Achtsamkeit beibringen kannst?« Ich sagte ihm: »Trinke zunächst deinen Alkohol in Achtsamkeit. Wenn du wirklich deinen Alkohol achtsam trinkst, dann wirst du nach einer Weile ganz damit aufhören.«

Wenn Sie Ihren Wettbewerb auf achtsame Weise angehen, bin ich sicher, dass Sie damit aufhören, sich dem Wettbewerb zu unterwerfen. Denn durch die Praxis der Achtsamkeit werden Sie herausfinden, dass es das nicht wert ist. Wenn Sie es sich gestatten, von diesem Strom davongetragen zu werden, dann werden Sie die Kontrolle über sich verlieren, wie alle anderen auch. Sie werden feststellen, dass es in Ordnung ist, diesen Job nicht zu bekommen, denn es gibt andere Jobs, die es Ihnen erlauben werden, mehr Frieden, mehr Ausgeglichenheit zu erfahren – auch wenn Sie weniger verdienen, keine höhere Position damit in Aussicht steht und so weiter.

Es ist eine Frage des Abwägens: Ist es für Sie sehr wichtig, diesen Job zu bekommen, oder ist es Ihnen lieber, glücklicher, ausgeglichener und freier zu sein.

Es gibt Frauen, die ihre Kinder lieber einem Babysitter überlassen wollen, um arbeiten zu gehen, selbst wenn der Mann genug verdient, um die ganze Familie zu unterhalten. Die Statistiken zeigen, dass Kinder, die nicht bei der eigenen Mutter aufwachsen und sehr viel Zeit mit Fremden verbringen, nicht so glücklich aufwachsen wie andere. Sie müssen abwägen, ob das Glück des eigenen Kindes wichtiger ist als das, einen bestimmten Job zu kriegen und viel Geld zu verdienen.

Ich habe drei Bände über den Buddhismus in Vietnam geschrieben. Sie sind sehr erfolgreich in Vietnam, sogar die kommunistische Regierung liest sie. Seit zwanzig Jahren schon möchte ich gerne den vierten Band schreiben, das wäre der Abschlussband »Buddhismus in Vietnam von 1964 bis heute«. Ich glaube, ich bin einer derjenigen, der diese Zeit am besten beschreiben kann, denn ich bin selbst durch all die Prozesse durchgegangen. Ich weiß auch, dass es mir sehr viel Freude machen würde, dieses Buch zu schreiben. Und auch viele andere würden es sehr schätzen, wenn ich diesen Band endlich schreiben würde. Aber ich habe mich entschlossen, ihn nicht zu schreiben, denn es gibt so viele Menschen, um die ich mich kümmern muss. Die Menschen um mich herum brauchen mich so sehr, ich kann die Rolle eines Gelehrten oder Historikers nicht mehr einnehmen. Ich bin ein wenig in der Situation wie die oben erwähnte Frau; ich muss meine ganzen Projekte zurückstellen und mich erst einmal um mein Baby kümmern.

Wer ist Ihr Baby? Ihr Baby ist Ihr Frieden, Ihre Freude, Ihre Fähigkeit, jeden Moment Ihres täglichen Lebens wirklich zu leben und sich um die Menschen, die Sie lieben, zu kümmern. Oder ist Ihr Baby der beste Job, den Sie kriegen können? Ich bin sicher, dass wenn Sie Achtsamkeit üben, Ihnen Ihre Achtsamkeit genau sagen wird, was Sie tun sollten, und diese Entscheidung wird nicht schmerzhaft sein.

Es gibt kein Werden, kein Vergehen

Lieber Thay,
meine Mutter ist vor zehn Jahren an Krebs gestorben. Zu dieser Zeit hatte ich schon zehn Jahre mit meiner Stiefmutter verbracht. Deshalb konnte ich mich nicht mit meiner Mutter versöhnen, bevor sie starb, und ich war auch nicht fähig, mich bewusst von ihr zu verabschieden. Wie kann ich das heute nachholen?

Diese Frage beruht auf der Annahme, dass unsere Muter nicht mehr da ist und wir nicht mehr mit ihr kommunizieren können. Aber gemäß der Lehre des Buddha ist unsere Mutter immer noch ganz lebendig in jeder Zelle unseres Körpers. Sie steht uns immer noch zur Verfügung, und wir können mit ihr sprechen.

Die Praxis der Meditation, die Praxis des tiefen Schauens ist so wunderbar. Wenn ich in meine Hand schaue, sehe ich zuerst nur, dass dies meine Hand ist. Wenn ich aber tiefer schaue, so sehe ich, dass dies die Fortdauer der Hand meines Vaters, meiner Mutter ist. Diese Hand ist die Fortführung der Hand meines Vaters, meiner Mutter. Ich kann nicht sagen, dies ist nur meine Hand. Dies ist auch die Hand meiner Mutter. Und jede Zelle meines Körpers enthält die Präsenz meiner Mutter. Wenn ich also das Gefühl habe, dass meine Mutter ganz in mir lebendig ist und ich die Hand meiner Mutter nehmen kann, um meine Stirn zu berühren, weiß ich, dies ist die Hand meiner Mutter, die meine Stirn berührt. Ebenso ist es die Hand meines Vaters, die meine Stirn berührt. Wenn Sie in der Vergangenheit etwas Unfreundliches zu Ihrer Mutter gesagt haben, das Sie jetzt bedauern, sollten Sie sich bei ihr im Hier und Jetzt entschuldigen: »Liebe Mutter, ich weiß, dass du in mir lebendig bist, in jeder meiner Zellen. In der Vergangenheit habe ich etwas sehr Unfreundliches zu dir gesagt, ich entschuldige mich und verspreche, dass ich so etwas nicht wieder sagen will.« Wenn Sie das gesagt haben, können Sie Ihre Mutter in jeder Zelle lächeln sehen und die Wunde ist sofort verheilt. Sie müssen nicht in die Vergangenheit gehen, um sich bei Ihrer Mutter zu entschuldigen. Sie mögen glauben, dass Ihre Mutter nur in der Vergangenheit existiert, aber das stimmt nicht, Ihre Mutter dauert bis heute fort.

Das ist ganz leicht zu verstehen. Sie schauen in den Himmel und sehen die Wolke nicht mehr, aber die Wolke ist hier, sie ist Wasser, und

Sie können die Wolke berühren, indem Sie das Wasser berühren. Denn das Wasser ist die Fortdauer der Wolke. Sie können Ihre Mutter in sich berühren und Sie können ihr mitteilen: »Mutter, ich war dumm, es tut mir Leid. Ich war so beschäftigt, aber du bist die ganze Zeit bei mir. Wenn ich achtsames Gehen übe und jeden Schritt genieße, so übst du Gehen und freust dich mit mir.«

Es gibt keine Trennung, wirklich nicht, und das ist das Wundervollste an der Praxis. Es wird so ganz einfach, Schuldgefühle zu überwinden. Diese Schuldgefühle, weil man in der Vergangenheit einen Fehler gemacht hat. Es ist nicht nötig, in die Vergangenheit zu gehen, um zu korrigieren, um zu heilen. Die Vergangenheit dauert im gegenwärtigen Moment fort. Wenn wir tief den gegenwärtigen Moment berühren, können wir die Vergangenheit berühren und können damit die Vergangenheit in Ordnung bringen. Genau hier und genau jetzt – und deshalb glaube ich, dass die Lehre und die Praxis etwas Wundervolles sind. Es kann Sie im Hier und Jetzt heilen.

Lieber Thay,
die moderne Medizin lässt die Menschen immer älter werden, schafft aber auch Situationen, in denen das Leben nicht mehr in Würde gelebt werden kann und Menschen deshalb nicht mehr weiterleben wollen.

Nichtsdestotrotz steht in der Medizin oder bei Ärzten die Vorstellung im Vordergrund, dass Leben um jeden Preis zu verlängern sei.

Ich selbst habe eine Erklärung unterschrieben, dass ich sterben möchte, wenn es keine Hoffnung mehr geben sollte oder wenn ich zum Beispiel damit konfrontiert werde, an Alzheimer zu erkranken. Ich würde es dann vorziehen, dass mein Leben beendet wird. Wie kann man dies im Rahmen der Ersten Achtsamkeitsübung betrachten?

Ich habe über dieses Thema meditiert und habe herausgefunden, dass wir als Sangha agieren sollten, um die nötigen Antworten zu finden. Wir können nicht verallgemeinern. Wir müssen jeden einzelnen Fall genau abwägen.

Es ist wie die Situation einer Frau, die als Bootsflüchtling von einem Piraten auf dem Meer vergewaltigt worden war. Als sie im Flüchtlingslager ankam, litt sie sehr, körperlich und seelisch. Es gab Frauen, die – als sie entdeckten, dass sie schwanger geworden waren – abtreiben wollten, weil sie so sehr litten. Ihre Schwangerschaft erinnerte sie Tag und Nacht an diese schreckliche Situation, an ihr Leiden. Wir versuchten, den Frauen zu helfen, in dem wir immer ihre ganz persönliche Situation in Betracht zogen. Es gab solche, denen es möglich war, zu praktizieren, zu lernen, zu verstehen, und sie konnten genügend Mitgefühl entwickeln, um zu erkennen, dass dieses kleine Lebewesen in ihnen auch ein Recht hatte zu leben. Mit der angebotenen Hilfe, durch die Praxis konnte ihr Mitgefühl genährt werden und diesen Frauen wurde es möglich, ihr Kind ohne weitere Bitterkeit auszutragen.

Aber es gab Fälle, in denen es unmöglich für uns war, die Frauen zu ermutigen, diesen Weg des Verstehens zu gehen, denn die Fähigkeiten dazu waren nicht ausreichend vorhanden. Das Leiden war so groß, dass wir in diesem Fall einer Abtreibung zustimmen mussten, um das Leben der Frau zu retten.

Mit Ihrer Frage verhält es sich ebenso. Ich denke, dass die Ärzte in einem Krankenhaus wie eine Sangha handeln sollten, zusammen mit der Familie und den Freunden der betroffenen Person, um diesen speziellen Fall zu untersuchen. Wenn man eine Entscheidung treffen will, sollte man dies auf der Basis des Konsenses der ganzen Sangha tun.

Selbst wenn das Gesetz es uns erlauben würde, individuell zu entscheiden, sollten wir trotzdem eine Entscheidung treffen, bei der wir die »Sangha-Augen« einsetzen, die beste Art Augen, die wir haben. Wir sollten nie eine Entscheidung treffen, die nur auf unserer individuellen Einsicht beruht, wir sollten von der Einsicht jedes einzelnen Sangha-Mitglieds profitieren.

In Plum Village verfahren wir nach diesem Prinzip. Wenn jemand zum Beispiel anfragt, ob er/sie eine längere Zeit in Plum Village leben kann, oder jemand als Novizin/Novize ordiniert werden möchte, entscheidet immer die Sangha, ob die Zeit reif ist oder ob die Person noch drei oder vier Monate warten sollte. Wenn die Sangha der Meinung ist, dass sie erst einige Anregungen geben sollte, um der Person in ihrer Praxis zu helfen, und wenn sich diese Person nach zwei oder drei Monaten dann reif für eine Ordination erweist, dann wird die Sangha eine positive Entscheidung treffen.

Deshalb versuchen wir, wie eine Sangha zu leben, wir versuchen, wie eine Sangha Entscheidungen zu treffen, denn wir haben gelernt, dass die »Sangha-Augen« immer klarer sehen als die »individuellen Augen« einer einzelnen Person.

Deshalb lautet meine Antwort auch in diesem Fall: Sie sollten wie eine Sangha von Ärzten, Freunden und Betroffenen vorgehen, und Sie sollten jede einzelne Einsicht einbeziehen und Nutzen daraus ziehen. Sie sollten mit den Familienmitgliedern und Freunden der betroffenen Person zusammenarbeiten.

Lieber Thay,
ich habe eine Frage, die das Sterben betrifft. Als meine Mutter im Sterben lag, fiel sie ins Koma und wir wurden gefragt, ob wir einer Organspende zustimmen würden, konkret ging es um ihre Niere. Wir haben uns dazu entschlossen, Ja zu sagen, denn wir haben einen Freund, der krank war und mit einer neuen Niere seit fünfzehn Jahren gut lebt.

Ich hatte das Gefühl, das dies ihr Sterben irgendwie verändert hat, obwohl ich mich mit dieser Entscheidung sehr wohl fühle, denn jemand anders kann mit diesem Organ weiterleben.

Meine Frage ist, wie denken Sie über Organspenden – und ich weiß, dass einige buddhistische Schulen sagen, dass der Sterbeprozess sehr wichtig ist für weitere Leben. Mich beschäftigt diese Frage sehr.

Es gibt noch eine andere Frage (Thay liest sie vor):

Dies ist eine Frage über das Sterben. Wo geht die Seele hin? Kommt sie zurück in einer Wiedergeburt? Was kann mir helfen, meinen geliebten Freund loszulassen, der sich umgebracht hat, ein Opfer seiner eigenen Verzweiflung. Wie kann ich Frieden damit schließen?

Was mir in den Sinn kommt ist: Wir sollten unser Leben so leben, dass wir Zeit genug haben, um solche Dinge eingehend zu betrachten, und nicht in einem kritischen Moment solch schwierige Entscheidungen treffen müssen. Die Instruktionen für die Meditation sind sehr klar. Wir sollten tief in die Natur von Geburt und Sterben schauen, das kann in jedem Moment Ihres täglichen Lebens geschehen. Während Sie Auto fahren, während Sie essen, während Sie gehen, können Sie das tun. Sie müssen sich keine »Extra-Zeit« nehmen, um zu praktizieren. Der Lehre des Buddha und unserer Erfahrung entsprechend, werden wir jede Minute wiedergeboren und wir werden durch unser Handeln immer weiter existieren. Jeder Gedanke, den wir hervorbringen, ist unsere Fortdauer. Jedes Wort, das wir sagen, ist ein Produkt unserer selbst und es ist unsere Fortdauer. Und alles, was wir tun, ist ebenso ein Ergebnis unseres Lebens. Der Gedanke, das Sprechen und die Handlung haben immer unsere Signatur und so dauern wir jeden Moment fort. Dieser Körper ist nur ein Teil von uns. Wenn Sie mich ansehen und sehen können, dass ich nicht nur hier bin, sondern an vielen anderen Orten und in vielen anderen Formen fortdauere, wird diese Art von Weisheit Ihr Leiden beenden.

Wenn Sie tief in Ihre Mutter oder in sich selbst hineinschauen, werden Sie Ihre Mutter wiedersehen. Ihre Mutter dauert in vielen anderen Formen fort und der Körper war nur ein kleiner Teil Ihrer Mutter. Wenn Sie das so sehen können, wird Ihnen das schon große Erleichterung bringen.

Wenn mein Körper sich auflöst, möchte ich gerne, dass meine Freunde, meine Schüler wissen: Es bin nicht ich, der stirbt. Ich dauere fort. Meine Natur ist die Natur des Nicht-Geborenwerdens und Nicht-Sterbens. Deshalb berührt mich der Tod nicht. Dies zu erkennen ist die Frucht der Meditationspraxis. Wir sollten uns den Luxus dieser Praxis gönnen. Wenn Sie die Meditation des tiefen Schauens üben und die Wahrheit berühren, werden Sie weniger leiden. Sie erfahren Erleichterung. Aber die größte Erleichterung, die Sie aus der Praxis ziehen können, haben Sie dann erreicht, wenn Sie Ihre Natur des Nicht-Geborenwerdens und Nicht-Sterbens berühren. Es ist wie bei einer Welle. Wir glauben, eine Welle hat einen Anfang und ein Ende. Eine Welle kann groß oder klein sein, sie kann da sein oder nicht da sein, aber wenn Sie tief schauen, können Sie erkennen, dass die Welle Wasser ist. Als Wasser kann die Welle nicht sterben. Wenn wir uns also selbst, wenn wir unsere Mutter auf diese Art und Weise sehen können, können wir unsere und ihre Natur des Nicht-Geborenwerdens und Nicht-Sterbens berühren und brauchen nicht zu leiden.

Ich glaube, dass Organe erst nach dem Tod entnommen werden. Im Koma geschieht das noch nicht. Der Moment des Sterbens ist wichtig, er ist nicht der wichtigste Moment, aber einer der wichtigsten, denn Sie dauern bereits fort. Sie warten nicht bis zu diesem Zeitpunkt, um fortzudauern. Wiedergeburt findet in jedem Moment statt. Es ist ganz konkret, was da wiedergeboren wird: Ihre Gedanken, Ihre Rede, Ihr Handeln – Ihr Karma. Deshalb sollten wir dem letzten Moment dieses Körpers achtsam begegnen, in Konzentration, in Frieden. Wenn Sie beim Sterbeprozess eine Sangha aus Freunden und Familienmitgliedern, die gut praktiziert, um sich haben, wenn Sie von ihr unterstützt werden, kann dieser Körper in Frieden den letzten Moment erleben. Keine Angst, keine Furcht. Diese Angstlosigkeit ist nur durch die Übung des tiefen Schauens möglich. Deshalb sollten Sie nicht bis zu dem kritischen Moment warten, um mit der Übung zu beginnen. Sie sollten sofort damit beginnen, und wir sollten auch unserer Mutter, unserem Vater helfen zu praktizieren, damit sie wissen, dass sie in uns, in ihren Freundinnen und Freunden fortdauern.

Wenn Sie heißes Wasser in eine Teekanne gießen, ist es ähnlich. Sie helfen dem Aroma des Tees, sich in den Teeblättern zu entfalten. Der Tee wird in viele Tassen gegossen, damit viele Menschen ihn genießen können. Nachdem wir öfters heißes Wasser über die Teeblätter gegossen haben, sind die Teeblätter der Überrest des Tees. Das Beste vom Tee ist bereits wiedergeboren. Er dauert fort und wird sich in Poesie, Kalligraphie oder in Dharma-Vorträgen als sehr schöne Wiedergeburt wiederfinden. Die Teeblätter, die in der Kanne sind, sind nicht wirklich der Tee. Wir müssen unseren Körper genauso betrachten. Deshalb ist es wichtig, sich Zeit zu nehmen, das zu praktizieren, damit wir unsere wahre Natur erkennen, die Natur von Nicht-Geborenwerden und Nicht-Sterben.

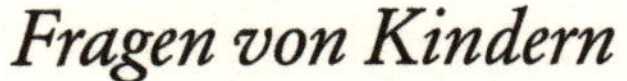

Fragen von Kindern

Thay, die Moskitos stechen mich ständig und ich möchte, dass sie aufhören. Kann ich vielleicht jeden Tag nur ein bisschen töten?

Wie viele möchtest du denn umbringen?

Etwa eine am Tag.

Eine am Tag, glaubst du, das reicht?

Tja …

Deine Frage ist sehr schwierig zu beantworten. Als ich ein kleiner Junge war, hatte ich dieselbe Frage und jedes Mal, wenn ich von einem Moskito gestochen wurde, habe ich mich geärgert. Deshalb kann ich gut verstehen, wie du dich fühlst. Später habe ich gelernt, dass ein Moskito Nahrung braucht, um zu überleben. Es ist wie bei uns, wenn wir hungrig sind, schauen wir immer nach etwas zu essen – das ist ganz natürlich. Auch die Moskitos sind eine Art Kinder, Moskito-Kinder. Ich glaube dass es einige Möglichkeiten gibt, um uns vor Moskitostichen zu schützen. In Vietnam hat zum Beispiel jeder ein Moskitonetz für die Nacht. Dort gibt es sehr viele Moskitos, und wenn die Menschen keine Moskitonetze hätten, würden sie die ganze Nacht Moskitos töten müssen. Wenn man einen umgebracht hat, kommt schon der nächste und man müsste die ganze Nacht damit verbringen Moskitos umzubringen. Man würde gar nicht schlafen können. Und deshalb ist es keine Lösung, Moskitos umzubringen. Es gibt viele andere Möglichkeiten, sich zu schützen. Eine davon ist, Moskitonetze zu benutzen. Ich denke, es gibt hier in Plum Village einige Moskitonetze. Du kannst ein wenig herumfragen, die Mönche werden dir vielleicht eines leihen können. So kannst du das Leben einer kleinen Kreatur, eines Moskitos, schonen.

Meine Praxis ist es – und einige Brüder und Schwestern üben das ebenso –, hin und wieder einem Moskito zu erlauben, mich zu stechen. Wenn ein Moskito auf mir landet, atme ich ein und aus und erlaube es dem Moskito, ein wenig Nahrung aufzunehmen. Wir machen es nicht sehr oft, aber von Zeit zu Zeit wollen wir einfach Mitgefühl und Verständnis üben, und so können wir das Mitgefühl in uns nähren.

Als ich einmal einen Moskito auf mir landen sah, habe ich eine Art kleinen Sturm entfacht, »ffffh«, und der Moskito musste wieder wegfliegen, aber ganz ohne Ärger in mir. Ich habe nur den Moskito davon abgehalten, mich zu stechen.

In »Deer Park« gibt es sehr viele Schlangen, aber bisher ist noch niemand dort in der Gemeinschaft von einer Schlange gebissen worden, weil wir liebende Güte üben, weil wir Achtsamkeit üben. Wohin wir auch gehen, wir folgen unserem Atem und wir passen ganz gut auf, damit wir nicht auf eine Schlange treten – und so brauchen sie keine Angst vor uns zu haben, sie beißen uns nicht. Unsere Übung ist also Schutz durch Achtsamkeit.

Eines Tages arbeitete ein Bruder gemeinsam mit einem mexikanischen Arbeiter. Sie drehten einen großen Stein um und fanden darunter eine Schlange. Der mexikanische Arbeiter wollte die Schlange sofort umbringen. Er wollte die Mönche und Nonnen, die in »Deer Park« leben, schützen, deshalb wollte er die Schlange töten. Aber der Bruder hielt ihn davon ab. Er sagte: »Lieber Freund, es gibt so viele von ihnen in den Bergen. Wenn du eine Schlange umbringst, wirst du die Gemeinschaft nicht beschützen, deshalb lass uns doch lieber der Schlange helfen, wieder in die Berge zu gelangen.« Und so halfen die beiden der Schlange, in die Berge zurückzukehren.

Als ich das letzte Mal in »Deer Park« war, traf ich auf eine große Schlange, die dazu noch giftig war. Ich ging mit einer Schwester zu einem Platz, wo ich eine Hängematte angebracht hatte. Wir übten Gehmeditation dorthin und als wir an der Hängematte ankamen, habe ich mich in die Hängematte gesetzt und mich ausgeruht und die Schwester ließ sich in der Nähe am Fuß eines Baumes nieder. Plötzlich sagte sie: »Thay, da ist eine Schlange unter der Hängematte«, und ich schaute hinunter und sah eine sehr große Schlange. Wie kam es, dass ich sie vorher nicht gesehen hatte? Sehr seltsam. Die Schlange hatte eine gelblich braune Farbe und so sieht auch der Boden aus, denn es liegen viele braune Tannennadeln dort, die Erde ist auch ein wenig gelblich, und so konnte man die Schlange nicht so leicht erkennen.

Aber als ich hinuntersah, konnte ich eine sehr große Schlange sehen. Die Schwester hatte früher große Angst vor Schlangen gehabt, aber sie hatte gelernt, Schlangen als Lebewesen zu sehen, und zu dieser Zeit hatte sie keine Angst mehr. Sie sagte: »Thay, ich will versuchen, die Schlange wegzulocken, damit du in Sicherheit bist.« Sie begann, etwas Lärm mit ihrem Stock zu machen, aber die Schlange hatte keine Lust, wegzugehen. Die Schwester benutzte ihren Stock sogar dazu, den Schwanz der Schlange zu berühren – aber die Schlange rührte sich nicht. Es war sehr seltsam. Und sie sagte. «Thay, es sieht so aus, als ob sie deine Anwesenheit genießt. Sie will nicht weg.« Und so sagte ich zu ihr, sie solle sie nicht mehr belästigen. Wenn sie da sein wollte, würden wir ihr das für einige Zeit erlauben. Erlauben wir ihr einfach, da zu sein. Und die Schwester hörte auf, sie zu verscheuchen. Sie saß am Fuße des Baumes und ich saß in der Hängematte und wir folgten unserem Atem und waren uns sehr bewusst, dass die Schlange dort bei uns war. Nach ungefähr zehn Minuten fragte die Schwester: »Thay, kann ich ein Lied singen?« Und ich sagte, ja, singe es für mich und singe es auch für die Schlange. Und die Schwester fing an, ein Lied zu singen, das sie am Weihnachtsmorgen geschrieben hatte. Und während sie sang, schien es so, als ob die Schlange sich wohl fühlte, und es sah aus, als tanzte sie ein wenig in ihrem Schwanz mit. Sehr seltsam. Ich bat die Schwester, das Lied noch einmal zu singen, und sie sang es noch einmal. Und die Schlange wollte nicht weg. Wir saßen eine lange Zeit dort, denn wir sahen, dass die Schlange sehr friedlich war, und wir waren ebenso friedlich. Ich glaube, weil wir friedlich waren, war auch die Schlange friedlich, und weil die Schlange friedlich war, waren auch wir friedlich. Das nennen wir Intersein. Einige Zeit später begann die Schlange, sich zu bewegen, aber sie bewegte sich sehr langsam, Millimeter für Millimeter. Es sah nicht so aus, als ob die Schlange uns schnell verlassen wollte, denn sie bewegte sich sehr langsam. Und nachdem sie sich ein Stück wegbewegt hatte, bat ich die Schwester, das Lied »Kein Kommen, kein Gehen, kein Vorher, kein Danach, ich halte dich fest bei mir, ich gebe dich frei von mir, denn ich bin in dir und du bist in mir« zu singen. Und die Schwester sang es ein paar Mal und auch ich sang es in Vietnamesisch und dann war die Schlange fort. Wir wollten gerne noch etwas bleiben, es war so schön und so friedlich dort, aber wir hörten die Glocke, die ankündigte, dass es Zeit für das Abendessen sei, und die Schwester erinnerte mich, dass ich nach dem Abendessen noch ein Treffen mit der San-Diego-Sangha hatte. Wir bedauerten sehr, gehen zu müssen. Nach dem Abendessen erzählte ich die Geschichte den Mitgliedern der San-Diego-Sangha und sie meinten, dass die Schlange vielleicht die Abgesandte der Tiere in den Bergen gewesen sei, gekommen, um mich zu begrüßen. Sie wussten vielleicht, dass ich jeden Nachmittag zu diesem Platz kam, und vielleicht kam die Schlange deshalb dort hin, lag dort ganz ruhig und wartete auf mich. Deshalb wollte sie auch nicht weggehen, als die Schwester sie vertreiben wollte. Sie hatte keine Angst.

Und ich sagte, dass es vielleicht dieselbe Schlange war, die der Mönch beschützt hatte. Der Bruder hatte verhindert, dass der mexikanische Arbeiter sie umbrachte – und vielleicht war es dieselbe Schlange, die zu mir kam, um mir zu danken, dass ich einen so guten Schüler hatte – wer weiß?

Ich glaube, du bist auch ein guter Schüler von mir und du kannst auch ein Beschützer der Menschen und Tiere sein, auch der Moskitos. Deshalb übe bitte die Erste Achtsamkeitsübung gut, denn wenn wir das Leben der Tiere, der Pflanzen und Mineralien achten, werden wir viel Freude haben und wir werden dann auch genauso von ihnen beschützt.

Was tust du am »Lazy Day?«[7]

Was tust du am Lazy Day?

Schlafen.

Eine gute Frage.

---

[7] In Plum Village gibt es einmal in der Woche einen so genannten Lazy Day. Dies ist ein Mußetag, an dem kein Programm angeboten wird, an dem jeder für sich allein üben kann.

Lazy Day ist der köstlichste Tag der Woche. Das heißt nicht, dass wir nicht üben, aber wir üben für uns selbst. Es gibt keine Glocken, keinen Stundenplan und jeder kann tun, was er möchte, auch schlafen oder lesen. Der Lazy Day ist ein sehr heiliger Tag, deshalb sollten wir die Atmosphäre des Friedens respektieren, damit auch die anderen ihn genießen können. Deswegen sind wir sehr still. Wenn wir wollen, können wir uns in die Hängematte legen, wir können alleine Geh- oder Sitzmeditation üben, wir können ein Picknick oder einen Ausflug organisieren, und wir genießen all das in Achtsamkeit. Denn nur mit Achtsamkeit können wir das, was wir an diesem Tag tun wollen, ganz tief genießen. Der Sinn des Lazy Day ist, dass wir versuchen, so viel Muße, wie es uns nur möglich ist, zu haben. Es ist nicht so einfach, denn wir sind es gewöhnt, ständig etwas zu tun. Menschen haben diese Gewohnheit. Sie können es kaum aushalten, nichts zu tun. Wir nennen es Arbeitssucht, sie sind süchtig nach Arbeit. Und deswegen ist, nichts zu tun, nur vergnügt zu sein und das zu genießen, was da ist, eine sehr tiefgründige Praxis. In vielen von uns ist gibt es eine Energie, die uns antreibt, dies oder jenes zu tun. Wir können nicht still sitzen oder liegen und uns freuen, uns einfach am schönen Himmel und anderem freuen. Deswegen müssen wir uns Mühe geben, wir müssen üben, diese Art von Gewohnheitsenergie, die uns ständig antreibt, etwas zu tun, etwas zu sagen, zu transformieren. Wenn wir dann fähig sind, einfach zu genießen, dann werden unsere Sekunden, Minuten und Stunden am Lazy Day etwas ganz Köstliches. Ihr braucht nichts zu tun und ihr bemüht euch, nichts zu tun. Seid nur ganz präsent und genießt, genießt alles, was da ist. Und wenn du einen Bruder oder eine Schwester triffst und sie begrüßen willst, kannst du sagen: »Lieber Bruder, bist du faul genug heute?« Das dient dazu, ihm zu helfen, nicht zu beschäftigt zu sein. Denn Menschen haben die Gewohnheit, sich ständig zu beschäftigen.

»Mami, bist du faul genug heute?« Sie wird dir danken: »Ja, ich bemühe mich.« Und so hilft uns die Praxis, am Lazy Day auszuruhen und nicht unter Druck zu geraten. Du kannst deinen Stress sehr gut dadurch reduzieren, indem du lernst, dich nicht zu beschäftigen.

Deshalb wollen wir am Lazy Day manchmal die Dinge tun, zu denen wir sonst nicht kommen: ein Gedicht schreiben, eine Kassette hören, eine Tasse Tee zubereiten, die Tasse in die Hände nehmen und den Wald anschauen oder den Himmel oder was immer. Und einen Freund, eine Freundin einladen, uns Gesellschaft zu leisten und ganz still mit uns zu sitzen, und ihre oder seine Anwesenheit und alles, was da ist, genießen: den blauen Himmel, die weiße Wolke.

Und so habe ich an jedem Lazy Day irgendwelche Dinge zu tun – es ist nämlich nicht das Entscheidende, nichts zu tun, sondern zu sein. Das Beste, was wir tun können, ist zu sein.

௵

Was kann ich tun, wenn mein kleiner Bruder mich ärgert oder sogar schlägt?

Ich habe erst einmal eine Frage, bevor ich eine Antwort gebe: Warum glaubst du, dass dein jüngerer Bruder dich ärgern oder schlagen will? Gibt es einen Grund? Kannst du Gründe bei dir sehen, die ihn dazu veranlassen, dich zu ärgern, dich zu schlagen?

Manchmal ja, manchmal nein.

Das ist eine gute Antwort.

Ich denke, du solltest deinen jüngeren Bruder einmal fragen. Es gibt gute Gelegenheiten dazu, wenn ihr vergnügt seid, wenn du dich an deinem jüngeren Bruder gerade freust; dann nutze diesen Moment und frage ihn: »Lieber jüngerer Bruder, warum ärgerst du mich manchmal oder schlägst mich? Es muss einen Grund geben. Mache ich Dinge, die dich ärgerlich machen, die dich wütend machen? Sag es mir, damit ich das vermeide und du mich nicht mehr ärgern oder schlagen willst.« Du solltest deinen Bruder fragen, ihn ganz ehrlich fragen – ich glaube, das könnte funktionieren. Selbst wenn er dir nicht antwortet, könnte sich die Situation nach dieser Frage ändern.

Wie kann man schlechten Lehrern in der Schule helfen?

Was meinst du mit schlechten Lehrern? Schimpfen sie und schreien sie die ganze Zeit?

Zum Beispiel die, die jemanden beleidigen.

Weil diese Lehrer andere gerne tadeln oder den Kindern zusätzliche Arbeit geben?

Wenn wir sagen, dass unsere Lehrer schlecht sind, sind wir denn gute Schüler? Das ist die erste Frage. Sind wir gute Schüler, die ihren Lehrern helfe? Das wäre schön. Ich denke, zunächst sollten wir unseren Lehrern unsere Sympathie zeigen und nicht unseren Ärger. Wir sollten die Möglichkeit haben, uns zusammen zu setzen und mit ihnen zu reden. Während des Gesprächs können wir auch andere Lehrer erwähnen. Wir sagen unserer Lehrerin, was wir an ihr mögen, was gut ist an ihr, und wir können auch sagen, was wir an anderen Lehrern gut finden. Zunächst müssen wir die Blumen in unserer Lehrerin gießen. Sie muss etwas Positives an sich haben. Deshalb benennen wir während des Gespräches diese guten Eigenschaften und wässern damit die Blumen in ihr. Danach wird es sicher einfacher, mit ihr zu reden. Dann können wir über andere Lehrer sprechen und ihre positiven Seiten erwähnen, besonders die, die unsere Lehrerin nicht zeigt. Wir sollten aber so sprechen, dass es nicht so klingt, als würden wir sie verurteilen oder tadeln. Weil wir ihre guten Seiten angesprochen haben, können wir auch über die guten Seiten der anderen Lehrer sprechen. Das ist eine indirekte Art, unserer Lehrerin zu helfen, auch diese positiven Eigenschaften zu entwickeln, die sie bisher nicht entwickelt hat. Wir können auch sagen, dass wir Schüler manchmal ungezogen sind, dass wir manchmal schwierig sind. »Bitte, sagen Sie uns das, damit wir weniger ungezogen, weniger eigensinnig sind.« Wenn wir so zu unseren Lehrern sprechen und ihnen auch gut zuhören, so werden uns unsere Lehrer schätzen. Wir bemühen uns, unsere Lehrer zu erfreuen und unsere

Lehrer werden sich anstrengen, bessere Lehrer zu werden. Wir können alleine zu unserem Lehrer gehen oder zu zweit oder zu dritt. Manchmal können wir auch einen anderen Lehrer um Hilfe bitten. Es gibt viele Möglichkeiten. Man kann auch einen ganz liebevollen Brief schreiben, ohne Tadel. Wenn wir nicht die Möglichkeit haben, unseren Lehrer direkt anzusprechen, können wir einen Brief schreiben und all das Gute in ihm erwähnen. Wir können ihn bitten, bestimmte Dinge, die uns leiden lassen, nicht mehr zu tun. Drei oder vier können den Brief dann unterschreiben. Wenn wir mit einer liebevollen Sprache schreiben, wird unser Lehrer den Brief auch lesen.

Ich hoffe, diese Vorschläge helfen ...

Warum müssen wir eines Tages sterben?

Der Buddha sagt, weil wir geboren werden, müssen wir auch sterben. Wenn wir nicht geboren wären, müssten wir auch nicht sterben. Wenn wir also die Geburt akzeptieren, müssen wir das auch mit dem Tod machen. Das ist die erste Antwort, sie ist korrekt, aber nicht die beste Antwort. Stellt euch vor, niemand stirbt mehr und Menschen werden nur noch geboren. Eines Tages wäre kein Platz mehr für uns alle. Stellt euch vor, es gebe nur noch Geburt und keinen Tod mehr. Eines Tages gäbe es dann kaum mehr einen Platz zum Stehen auf der Erde; deshalb bedeutet Sterben, dass wir den Platz für unsere Kinder freimachen. Wer sind unsere Kinder? Wir selbst sind unsere Kinder. Unsere Kinder sind die neue Manifestation von uns. Der Sohn ist die Fortführung des Vaters. Wenn der Vater seinen Sohn ansieht, wird er verstehen, dass er nicht sterben wird, denn sein Sohn ist seine Fortsetzung. Wenn wir das so betrachten, können wir sehen, dass wir nicht sterben, dass wir in unseren Kindern weiterleben. Und unsere Kinder werden in ihren Kindern weiterleben und so geht es weiter.

Die buddhistische Meditation hilft uns, tief zu schauen, um zu erkennen, dass es kein richtiges Sterben gibt, dass es nur eine Fortdauer gibt, in verschiedenen Formen. Wie die Wolke am Himmel. Die Wolke am Himmel wird vielleicht Angst haben, zu sterben. Es wird eine Zeit kommen, in der die Wolke sich in Regen verwandeln muss, und so lebt die Wolke im Regen weiter. Wenn wir tief in den Regen hineinschauen können, erkennen wir die Wolke darin. Deshalb gibt es Sterben nicht wirklich, es gibt nur eine Verwandlung, eine Fortdauer in anderen Formen. Wir existieren weiter in anderen Formen. Die Wolke kann im Schnee, im Regen, im Fluss, in der Form von Eis weiter existieren – und die Wolke kann auch eines Tages zu Eiskrem werden. Wenn die Wolke nicht sterben würde, wie könnten wir dann Eiskrem bekommen?

Wenn wir tief schauen, können wir keinen Tod sehen, sondern nur die Fortdauer, die Transformation. Dies ist eine sehr aufregende Art der Meditation. Denn wenn wir buddhistische Meditation üben, können wir Dinge erkennen, die andere Menschen nicht erkennen.

Ich habe keine Angst zu sterben, weil ich mich in meinen Schülerinnen und Schülern wiederfinde. Auch in dir, weil du gekommen bist und mit mir lernst. Es gibt eine ganze Menge von mir in dir. Ich gebe mich sozusagen in dich hinein. Wenn du also ein wenig Wachheit, ein wenig Mitgefühl von mir hast, dann werde ich in dir fortdauern.

Und wenn man später einmal nach mir sehen will, werden sie zu dir kommen und mich in dir sehen können. Ich bin nicht nur hier, ich bin auch noch woanders. Das mag ich am liebsten an der buddhistischen Meditation. Sie kann uns helfen, den Tod zu überschreiten.

Wir wissen, dass Tod sehr wichtig für das Geborenwerden ist. In unserem Körper gibt es viele Zellen, die jede Minute absterben, um Platz für neue Zellen zu machen. Geburt und Tod finden ständig in unserem Körper statt. Wenn es keinen Tod gäbe, wäre es unmöglich für uns, als Körper zu existieren. Deswegen sind Geburt und Tod eng miteinander verbunden. Der Tod bringt Geburt hervor und Geburt bringt den Tod hervor. So ist es immer. Wenn wir jedes Mal, wenn eine Zelle in uns stirbt, weinen würden, hätten wir nicht genug Tränen, um sie zu beweinen. Wenn wir jedes Mal, wenn eine Zelle in uns stirbt, ein Begräbnis organisieren wollten, würden wir unsere Tage damit verbringen, Begräbnisse zu organisieren. Wir sollten erkennen, dass Geburt und Tod ständig in uns stattfinden. Deswegen ist der Tod sehr wichtig. Aber das ist immer noch im Bereich der ersten Antwort.

Die zweite Antwort ist besser, denn wenn wir tief schauen, sehen wir weder Geburt noch Tod, wir sehen nur Fortdauer. Und wenn wir weiter üben, können wir lernen, immer tiefer zu schauen.

߷

Was wirst du in deinem nächsten Leben sein, weißt du das schon?

Ich weiß über meine nächsten Leben schon recht gut Bescheid. Weißt du, das nächste Leben einer Wolke ist der Regen. Das nächste Leben einer Wolke kann aber auch Schnee oder Eis sein. Ich kann meine nächsten Leben schon im Hier und Jetzt erkennen. Denn das, was ich tue, das, was ich denke, und das, was ich sage, werden meine Fortsetzung, meine nächsten Leben werden. Und ich weiß, dass ich in vielen meiner Freunde weiter existieren werde, in vielen Schülern. Wenn ich sie ansehe, sehe ich mich selbst. Und so sehe ich bereits meine Fortführung, und ich bin sicher, dass wenn dieser Körper sich auflöst, ich noch in vielen Formen vorhanden sein werde. Ich habe keine Angst zu sterben, denn ich weiß im voraus, dass ich nicht sterben werde. Die Auflösung dieses Körpers betrifft mich nicht, denn ich habe mein nächstes Leben an vielen Plätzen und in vielen Formen schon beginnen sehen. Jedes Mal, wenn ich einen jungen Menschen sehe, der die Übung des »Ich bin angekommen, ich bin zu Hause« gut praktiziert, jedes Mal wenn ich jemanden sehe, der achtsames Gehen mit Freude übt, achtsames Sitzen, liebevolles Sprechen und der die Menschen in seiner Umgebung glücklich macht, kann ich sehen, dass er bereits meine Fortführung, mein nächstes Leben ist. Deshalb brauche ich gar nicht zu sterben, um mein nächstes Leben zu beginnen. Meine nächsten Leben haben bereits angefangen.

Diese Antwort mag nicht ganz einfach zu verstehen sein, aber wenn ihr ein wenig darüber nachdenkt, werdet ihr verstehen.

Warum gibt es Gier in der Welt?

Es gibt viel Gier in der Welt, weil nicht genug Verstehen in der Welt ist. Menschen sind gierig nach Macht, nach Geld, Ruhm, Sex und gutem Essen. Fünf Objekte. Und viele Menschen laufen hinter diesen fünf Objekten her. Sie wissen nicht, dass diese fünf Dinge die Menschen nicht wirklich glücklich machen können. Stellt euch vor, ihr seid gierig nach gutem Essen und ihr esst deshalb ganz viel. Nach dem Essen fühlt ihr euch schwer, ihr fühlt, dass ihr nicht mehr glücklich seid. Ihr wart so gierig, habt so viel Schokolade gegessen, eine Menge Eis. Es gibt eine Menge Sachen, die euch nach dem Essen ein Gefühl der Schwere geben, euer Magen macht Probleme und auch euer Darm. Viele verschiedene Krankheiten rühren daher, dass wir zu gierig auf Essen sind. Und dasselbe geschieht denen, die hinter Sex, Ruhm und Reichtum her sind. Wenn ihr Ruhm und Reichtum hinterher jagt, habt ihr nicht mehr genug Zeit zu lieben und euch um die Menschen, die ihr liebt, zu kümmern. Ihr macht sie unglücklich. Ihr habt keine Zeit, euch um euch selbst zu kümmern. Und deswegen kann die Jagd nach Ruhm, Reichtum und Macht uns leiden lassen. Wir leiden, weil uns das Verständnis fehlt. Wir sollten verstehen, dass diese Objekte der Begierde uns nicht wirklich glücklich machen können. Menschen sind nur dann glücklich, wenn sie die Zeit haben, zu genießen, was um sie herum ist: unsere Eltern, unsere Freunde, unsere Kinder, den blauen Himmel, den Gesang der Vögel.

Wenn wir uns zum Essen niedersetzen, brauchen wir keine ausgefallenen Speisen. Unser Essen kann ganz einfach sein. Aber wenn wir wahrnehmen, dass wir gesundes Essen haben, dass unsere Freundinnen und Freunde um uns sind, dann ist das ein großes Glück. Wir verbringen vielleicht eine Stunde mit dem Essen und unseren Freunden. Wenn wir es unserem Geist erlauben, sich von Gier davontragen zu lassen, Gier nach Ruhm, Macht, Sex, Geld, dann werden wir nicht fähig sein, dort ruhig zu sitzen und unser Essen und die Gegenwart unserer Freunde zu genießen. Es gibt eine Menge viel beschäftigter Leute in unserer Zeit. Sie haben keine Möglichkeit, ihr Leben friedlich und glücklich zu leben. Wahres Glück braucht nicht viel Geld, Rum, Sex oder Macht. Deswegen sollten wir versuchen, nach den Achtsamkeitsübungen zu leben. Die Fünf Achtsamkeitsübungen[8] helfen uns, uns nicht von der Gier davontragen zu lassen, so dass wir glücklich im Hier und Jetzt leben können. Jeder sollte etwas über die Fünf Achtsamkeitsübungen lernen und sie üben, um wirklich glücklich zu sein. Denn die Fünf Achtsamkeitsübungen sind der Ausdruck wahren Verstehens. Mit wahrem Verstehen sind wir keine Opfer der Gier mehr.

Warum sind Statuen des Buddha so dick und manche wirklich riesig?

Ich denke, dass der Buddha, der dick ist, viele gebratene Nudeln gegessen hat. Ich habe die Statue eines sehr dicken Buddha gesehen, der von vielen Kindern umgeben war. Dies ist eine Statue, die von unseren chinesischen Freunden stammt. Sie wollten einen Menschen zeigen, der sehr glücklich ist. Vielleicht dachte der Künstler, dass man nicht sehr glücklich sein kann, wenn man nicht dick ist. Es gibt auch Menschen, die glauben, dass man einen solchen Bauch bekommt, wenn man eine große Schüssel Nudeln gegessen hat. Sie werden sich den Bauch streicheln und sagen: »Oh, ich bin sehr glücklich.«

Das ist also die Idee von jemandem, der glaubt, eine große Schüssel Nudeln zu essen, sich voll zu fühlen und seinen Bauch zu streicheln und zu sagen »Oh, ich bin zufrieden, ich bin glücklich«, sei ein Ausdruck des Glücks. Aber es gibt viele Möglichkeiten, Glück auszudrücken. Ich glaube, dass der Buddha Shakyamuni, unser Lehrer, nie zu viel gegessen hat. Ich glaube, er war sehr bescheiden, was das Essen betrifft. Er erinnerte auch immer die Mönche und Nonnen daran, bescheiden beim Essen zu sein. Shakyamuni Buddha war ein sehr guter Kung-Fu-Praktizierender. Ich glaube, er war sehr geschickt in den Kriegskünsten. Wenn man so übt, wenn man jeden Tag Gehmedita-

[8] Siehe *Fünf Wege zum Glück*, Berlin: Theseus Verlag, 2005

tion übt, kann man nicht so dick werden wie die Buddhastatuen, die du gesehen hast. Meine Antwort lautet also, dass es Künstler gibt, die glauben, Glück müsse auf diese Art und Weise ausgedrückt werden: groß, riesig. Sie haben das Recht, das zu glauben. Wenn ich einen Buddha schnitzen oder zeichnen würde, würde ich keinen dicken Buddha zeichnen, obwohl der Buddha dick sein kann.

©

Vor der nächsten Frage will ich diese schriftlichen Fragen beantworten:

Spielt Thay Fußball?

Als ich jung war, liebte ich das Fußballspiel sehr. Heute spiele ich nur noch Tischtennis oder Frisbee.

Was geschieht, wenn Thay stirbt?

Ich habe vorher schon angemerkt, dass ich nicht sterben werde, denn viele junge Menschen werden meine Fortführung sein. So bedeutet der Zerfall dieses Körpers nicht, dass ich sterben werde. Denn es wird viele Menschen geben, die Gehmeditation wunderschön üben, die Sitzmeditation wunderschön üben, die schöne Dharma-Vorträge geben werden, und so werde ich immer weiter fortbestehen. Wenn ihr so übt, werdet ihr nicht traurig sein, wenn ihr diesen Körper zerfallen seht. Wenn ihr so nicht übt, dann werdet ihr weinen. Ich möchte gerne, dass ihr lächelt, denn wenn ihr tief schaut, werdet ihr sehen, dass ich niemals sterben werde, denn ich werde in vielen Formen weiter bestehen.

©

Was glaubst du, wie die Welt entstanden ist? Was glaubt der Buddha?

Die Welt ist nicht von einer Person geschaffen. Die Welt wird erschaffen. Stellt euch eine Blume vor – wie ist sie gemacht worden? Wenn ihr die Blume ansehtund tief in die Blume hineinschaut und seht, wie die Blume gemacht wurde, dann könnt ihr die Frage beantworten. Unser Freund dort sagte, dass jemand den Samen in die Erde gesät hat, und wir sehen den Samen und die Erde; diese beiden Dinge haben dazu beigetragen, dass die Blume entstanden ist. Aber diese beiden Dinge sind nicht ausreichend. Da müssen noch das Wasser, die Sonne, die Zeit, der Raum, der Gärtner und so weiter dazukommen. So viele Dinge müssen zusammenkommen, um etwas hervorzubringen. Richtig? Alles ist so. Und deshalb kann man nicht sagen, dass eine Sache eine andere erschaffen kann. Es müssen viele, viele Dinge zusammenkommen, damit sich etwas manifestiert. Ich glaube, diese Lehre ist sehr tiefgründig. Der Buddha nannte sie die Lehre des abhängigen Entstehens oder Interseins. Nichts kann nur aus einer Sache geboren werden. Es muss eine Vielzahl von Bedingungen geben, die zusammenkommen, damit sich etwas manifestiert. Deshalb wird die Welt immer noch erschaffen. Sie fährt fort, sich zu erschaffen. Wenn du wächst und eines Tages ein Mann sein wirst, wirst du vielleicht heiraten und Kinder bekommen. So hilfst du mit, die Menschheit zu erschaffen. Die Welt wird jeden Tag erschaffen. Und wenn wir von der Erschaffung sprechen, sagen wir, dass diese Erschaffung die ganze Zeit stattfindet.

Ich komme aus Australien. Ich frage mich, was soll ich tun, wenn zum Beispiel die Mutter meines besten Freundes Lamm zubereitet und sie den ganzen Tag mit Kochen verbracht hat: Soll ich ihre Gefühle verletzen, weil ich es nicht esse, oder sollte ich es essen und damit die buddhistischen Lehren missachten?

Ich brauche Hilfe, um diese Frage zu beantwort. Gibt es jemand, der mir hilft, diese Frage zu beantworten? Habt ihr eine Idee, wie wir ihm helfen, ihm einen Rat geben können? Essen oder nicht essen, das ist die Frage.

Soll er dankend ablehnen, um ein guter Buddhist zu sein, oder sollte er das Fleisch essen und dann das Gefühl haben, dass er kein so guter Buddhist ist?

Ich würde halt einfach sagen, dass ich keinen Hunger habe.

Aber wenn du doch hungrig bist? Es wäre eine Lüge.

Dann esse ich eben zu Hause einen Apfel.

Sie würde also zuerst zu Hause einen Apfel essen, bevor sie ihren Freund besucht, und dann würde sie die Wahrheit sagen, dass sie nicht sehr hungrig ist.

Schwester Chân Không, hast du eine bessere Idee?

Ich würde vorschlagen, dass er sagt: »Lieber Freund, ich schätze deine Freundschaft sehr. Wenn ich tief in das Stück Fleisch schaue, fühle ich das Leiden, wie Menschen dieses Tier ins Schlachthaus geschickt haben. Und ich finde es schrecklich, seinen Tod anzusehen. Damit dieses Stück Fleisch auf meinen Teller kommt, ist viel Leiden verursacht worden, und so habe ich beschlossen, es nicht zu essen. Ich bitte dich, mir zu verzeihen. Ich möchte auch dich nicht dazu zwingen, aber ich würde mich schlecht dabei fühlen, wenn ich es esse. Ich hoffe, ich verletze dich nicht, ich schätze deine Freundschaft sehr.« Und wenn du das sagst, wird dein Freund fragen, warum du leidest, und du kannst erklären, wie die Tiere ins Schlachthaus gebracht werden und wie sie leiden, und vielleicht wird dann auch dein Freund Vegetarier.

Danke, Schwester Chân Không.

Möchte noch jemand etwas hinzufügen?

Ich würde von Anfang an die Wahrheit sagen, nämlich dass ich Vegetarier bin.

Ich glaube, das würde sehr helfen, denn Schwester Chân Khôngs Antwort ist gut, aber deine Antwort würde ihre Antwort vervollständigen. Die Menschen, die dich zum Essen eingeladen haben, haben bestimmte Erwartungen und wären sehr glücklich, wenn du auch das Fleisch mit ihnen essen würdest, weißt du. Sagst du dann, wenn du auf das Fleisch schaust, dass du das Leiden der Tiere sehen kannst, dann kannst du damit vielleicht ihre ganze Freude zerstören. Vielleicht kannst du einfach sagen: »Oh, ich hoffe, ich kann mit euch essen, aber in Plum Village bin ich Vegetarier geworden, und es wäre schön, wenn ihr mir etwas anbieten könntet, das ich mit euch essen kann.« Auf diese Weise geben wir ihnen die Möglichkeit, ihr Essen erst einmal zu genießen. Über das Leiden der Tiere kannst du dann später sprechen. Sonst verdirbst du ihnen den Appetit, das ist nicht sehr mitfühlend. Schwester Chân Khôngs Antwort ist sehr hilfreich, aber seine Antwort ist auch sehr gut. Jetzt hast du eine Menge Weisheit, um nach Australien zurück zu gehen.

Warum gibt es Krieg in der Welt?

Wenn wir den Kindern zusehen, die zusammen spielen, können wir sehen, dass sie hin und wieder unfriedlich sind, dass sie sich streiten. Warum streiten sie sich? Weil es in ihnen Ärger gibt, Eifersucht, Diskriminierung, Missverständnisse – deshalb streiten sie. Dasselbe gilt für die Erwachsenen. Wenn sie töten, wenn sie Bomben werfen, wenn sie sich gegenseitig erschießen, dann weil in ihnen die Gifte von Missverständnis, Wut, Diskriminierung, Hass, Eifersucht und Begierde sind. Deswegen sollten die jungen Leute praktizieren, damit sie ihre Wut, ihr Missverstehen, ihre Gier, ihre Eifersucht transformieren können, damit sie es besser machen, wenn sie erwachsen sind. Die Kinder können verhindern, dass Kriege entstehen, wenn sie jetzt praktizieren. In Zukunft würde es dann weniger Kriege geben als jetzt.

Dies ist eine sehr gute Frage und ihr solltet euch ausgiebig damit auseinander setzen, um diese Frage von allen Seiten zu beleuchten.

Angst ist auch in uns. Angst ist einer der Gründe, warum wir streiten.

Warum sind die Lotosblüten für euch ein so gutes Zeichen? So wichtig?

Für mich sind alle Blumen wunderschön. Jede Blume ist schön. Wir sollten nicht unterscheiden zwischen den Blumen. Wir sollten sagen, dass jede Blume schön ist.

Der Lotos war eine sehr beliebte Pflanze in dem Land, in dem der Buddha geboren wurde. Deshalb ist die Lotosblume im Buddhismus zum Symbol geworden.

Wenn du Lotosblumen pflanzt, musst du sie in den Schlamm pflanzen. Der Schlamm riecht nicht sehr gut, er ist nicht sauber, nicht klar – aber daraus kann eine sehr schöne, wohlriechende Pflanze erwachsen. Das hat eine sehr wichtige Bedeutung. Es heißt, dass es möglich ist, in der Welt, in der es viel Ärger, Gewalt, Eifersucht und Angst gibt, schöne menschliche Wesen hervorzubringen wie den Buddha oder die Bodhisattvas. Wir müssen nicht die Welt verlassen, um ein Buddha oder Bodhisattva zu werden. Wir müssen mitten darin bleiben in der Welt, um Buddhas und Bodhisattvas zu werden. Das ist die Bedeutung. Im Fall der Lotosblume ist das gut ersichtlich. Andere Blumen können das genauso zeigen, vielleicht auf eine verstecktere Weise. Wenn man Magnolien oder Tulpen pflanzt, muss man auch Kompost dazu geben, und Kompost ist aus verrottenden Sachen entstanden – so ist das ziemlich ähnlich wie Schlamm. Aber es zeigt sich nicht so klar wie im Falle der Lotosblume.

Wenn du auf anmutige Art und Weise sitzen kannst, ohne Ärger, Angst und Anspannung in deinem Körper, wirst du dich sehr leicht fühlen, so als ob du auf einer Blume sitzen würdest. Es ist sehr schön, auf einer Blume zu sitzen. Das ist ein schönes Bild.

Wenn du mit sehr viel Ungeduld und Ärger auf deinem Kissen sitzt, ist es so, als ob du auf brennenden Kohlen sitzen würdest. Du bist nicht glücklich. Niemand möchte auf glühenden Kohlen sitzen. Du möchtest nicht in so einer Haltung sitzen wie auf glühenden Kohlen.

Aber in der Lotoshaltung zu sitzen ist ein wundervolles Gefühl, leicht, frisch und so weiter.

Wenn es in Europa und Amerika nicht allzu viele Lotosblumen gibt, so können wir uns als Vorbild andere Blumen vorstellen, zum Beispiel eine Magnolien oder eine Tulpe. Du kannst die Lotoshaltung durch eine Tulpenhaltung ersetzen, wenn du zum Beispiel ein Holländer bist. Du kannst dann sagen, du sitzt sehr schön und frisch, so als ob du auf einer Magnolie oder auf einer Tulpe sitzt. Es sollte keine Diskriminierung stattfinden. Wenn du nicht in einem Land geboren bist, in dem es Lotosblumen gibt, dann bist du in einem Magnolienland aufgewachsen, und eine Magnolie ist genauso schön wie eine Lotosblume.

©

Wie kann man die Trennung seiner Eltern ertragen?

Es gibt eine Botschaft, die du deinen Eltern übermitteln solltest: »Ich möchte nicht, dass ihr euch trennt, ich möchte, dass ihr zusammenbleibt und miteinander glücklich lebt. Kann ich irgendetwas tun, um euch zu helfen?« Diese Botschaft sollte ihnen jeden Tag übermittelt werden, auf viele Weisen. Das ist der tiefste Wunsch eines jeden Kindes, seine Eltern in Harmonie und glücklich miteinander zu sehen. Wenn zwei Menschen zusammenleben, wird es natürlich Schwierigkeiten geben, und wenn sie nicht zu praktizieren wissen, werden sie keine Möglichkeit finden, die Schwierigkeiten zu überwinden. Sie leiden und werden sich gegenseitig Leid zufügen und sie sind nicht frisch füreinander. Wenn einer von beiden dann jemanden sieht, der frischer ist, wird er oder sie sich von der anderen Person angezogen fühlen. Der Gedanke an eine Scheidung wird aufkommen, wenn er oder sie Trost und Geborgenheit bei jemand anderem sucht. Eltern können auf diese Weise sehr viel Leid hervorrufen, nicht nur bei ihren Kindern, sondern auch beim Partner. Der eine wird vielleicht glauben, dass er auf der Suche nach Glück ist, aber wenn er tief schaut, wird er feststellen, dass es sehr schwierig ist, glücklich zu sein, während die andere Person sehr unglücklich ist und das Kind auch. Das Kind kann helfen, indem es dies dem Vater oder der Mutter klar macht. Wenn die Eltern zu einer praktizierenden Sangha gehören, sollten sie zu dieser Sangha gehen, damit sie an diese Tatsache erinnert werden und ihre Praxis vertiefen, so dass das Glück, das sie hatten, bevor die Schwierigkeiten auftraten, zurückkehren kann. Das Kind kann ebenso die Hilfe der Sangha erbitten. Es kann zu seinen Freunden oder den Lehrern über sein Leiden sprechen und sie bitten, einen Brief zu schreiben oder anzurufen, damit sein Vater und seine Mutter erkennen, wie viel Leiden sie verursachen, wenn sie nicht praktizieren und wieder zueinander zurückkehren.

Vor einigen Tagen habe ich gesagt, wenn man der Stimme seines Herzens zuhört, sollte man wissen, dass unser Herz auch das Herz unserer Kinder ist. Die Gefühle unserer Kinder sind unsere eigenen. Es gibt viele Kinder, die das Gleiche erleiden wie das Kind, das hier vor uns sitzt. Es gibt so viele davon. Ein Kind zu haben ist eine große Verantwortung. Das Kind ist da und Sie müssen ihre Verantwortung anerkennen. Der eigenen Verantwortung gerecht zu werden heißt nicht, dass Sie leiden müssen, denn Liebe kann sehr viel Glück bringen. Liebe bedeutet hier das Gefühl, das für uns selbst und für die Menschen, die wir lieben, nährend sein kann. Die Lehre über die Liebe im Buddhismus ist sehr klar. Wir können viele Dinge in unserem täglichen Leben tun, jeden Tag, um Glück hervorzubringen. Wir können jeden Tag etwas tun, etwas sagen, etwas denken, das hilft, das Leiden in dem Menschen, den wir lieben, abzubauen, unsere Kinder mit eingeschlossen. Wenn Eltern die Fünf Achtsamkeitsübungen mit der Unterstützung einer Sangha praktizieren, werden sie ihre Kinder niemals leiden lassen. Die Fünf Übungen sind die Antwort darauf. Und die Kinder sollten verstehen, dass sie – wenn sie nicht üben –als Erwachsene die gleichen Fehler machen und ihre eigenen Kinder leiden lassen werden. Deshalb sollten wir aus dem Leiden lernen. Diese Frage ist eine Achtsamkeitsglocke, die jeder hören sollte.

Warum gibt es Ärger in der Welt?

Die Frage hat schon letzte Woche jemand gestellt. Stellst du sie noch mal? Ich erinnere mich, dass meine Antwort lautete, dass Unwissenheit den Ärger bedingt. Es gibt drei Arten von Giften in uns: Ärger, Begierde und Unwissenheit. Unwissenheit ist das stärkste Gift. Wenn du in den Ärger schaust, kannst du die Unwissenheit darin sehen. Wenn du in die Begierde schaust, kannst du auch darin die Unwissenheit erkennen. Du kannst die Wahrheit nicht sehen und hast viele falsche Wahrnehmungen. Deswegen wirst du ärgerlich. Du verstehst dich selbst nicht und verstehst auch die andere Person nicht. Genauso ist es mit der Begierde, denn du verstehst das Objekt deiner Begierde nicht und läufst deshalb weiter hinter ihm her. Wenn du das Wesen des Objekts deiner Gier kennst, wirst du nicht mehr hinterherrennen. Es würde dir eine Menge Leiden verursachen. Deshalb heißt die Antwort: Die Wurzeln des Ärgers sind falsche Wahrnehmungen, Unwissenheit. Die Praxis der Meditation kann dir dabei helfen, die falschen Wahrnehmungen loszulassen, deine Unwissenheit zu verwandeln, damit du die Dinge klar sehen kannst. Wenn du die Dinge klar sehen kannst, wirst du nicht mehr ärgerlich werden. Und du wirst den Objekten deiner Gier nicht mehr hinterherlaufen.

Wenn du an etwas hängst, wie kannst du dann ein wenig loslassen?

Es hängt davon ab, woran du hängst. Denn wenn du an der Vorstellung hängst, dass du Menschen helfen möchtest, dann solltest du diese Art der Anhaftung nicht aufgeben. Es kann sein, dass du nicht hinter Sex, Geld und Ruhm herrennst, du möchtest praktizieren, um dein Leiden zu verändern, und du möchtest deine Zeit und Energie einsetzen damit Menschen weniger leiden. Wenn du einer solchen Idee anhaftest, so ist das sehr gut, denn diese Anhaftung bringt dir kein Leiden. Aber wenn du in der Vorstellung verfangen bist, Geld oder Ruhm oder Sex zu begehren, wird dir das viel Leid bescheren. In diesem Fall musst du das Objekt deiner Anhaftung überdenken. Manchmal kannst du die Anhaftung alleine nicht loslassen, manchmal brauchst du einen Lehrer, eine Sangha, die dir dabei helfen, genug Klarheit in dein Denken zu bringen. Denn ohne Klarheit in deinem Denken bist du wie blind. Du folgst dem Objekt deiner Anhaftung blind. Klarheit ist Weisheit. Und diese Art der Weisheit kann man nur durch tiefes Schauen erlangen. Als Praktizierender übst du, tief zu schauen. Du kannst dich auf Mitglieder deiner Sangha, auf deinen Lehrer verlassen, denn sie helfen dir, in die Angelegenheit tief hineinzuschauen, und sie werden dir mit ihrer Klarheit helfen. Wenn du also deine Klarheit mit ihrer Klarheit kombinierst, wirst du genügend Klarheit und Weisheit haben, um das Objekt der Begierde, der Anhaftung, loszulassen, das dir so viel Leid beschert.

Ich hoffe, diese Antwort ist einfach genug?

Sie ist gut genug?

Warum sind Buddhisten so hilfsbereit?

Woher weißt du, dass Buddha hilfsbereit ist?

Ich weiß es nicht.

Ich möchte dir sagen, dass der Buddha ein Mensch ist wie wir, der Buddha ist kein Gott. Das Bild des Buddha ist das Bild eines Menschen. Und jeder Mensch, der genügend Frieden, Liebe und Verständnis hat, kann Buddha genannt werden. Buddha ist nicht nur der Name einer einzigen Person. Wenn du so lebst, dass du Frieden in dir hast, Verständnis und Liebe und Mitgefühl, bist du auch ein Buddha. Du solltest wissen, dass der Buddha nicht nur jemand außerhalb von dir ist. Auch du kannst ein Buddha sein. Deswegen sagen wir in der Tradition, dass jeder die Buddhanatur hat. Der Samen des Verstehens, des

Erwachens, des Mitgefühls, der liebenden Güte, der Nichtunterscheidung – wir alle haben diese Samen. Die Praxis hilft uns, diese Samen in uns zu wässern, und wir werden immer mehr wie ein Buddha. Und eines Tages werden uns die Menschen wie einen Buddha ansehen. Wenn ein Buddha hilfsbereit ist, weil er viel Frieden, viel Freiheit und viel Verständnis hat, weiß er, wie er das Leiden handhaben kann. Er wird nicht zulassen, dass das Leiden andere Menschen überflutet – deshalb ist der Buddha sehr hilfreich. Wenn du hier in die Runde schaust, wirst du feststellen, dass viele von uns fähig sind, anderen Menschen zu helfen, weniger zu leiden. Sie können später ein Buddha werden. Jetzt haben sie angefangen, damit, denn viele von ihnen haben Mitgefühl, liebende Güte und Nichtunterscheidung entwickelt und sie haben gelernt, wie sie mit Ärger und Traurigkeit in sich selbst umgehen können, so dass sie sich selbst kein Leiden verursachen und auch andere nicht leiden lassen.

⊚

Was hat dich dazu inspiriert, ein Mönch zu werden, und was würdest du einem jungen Mann wie mir raten, wenn ich deinem Weg folgen wollte?

Als ich ein kleines Kind war, sah ich die Zeichnung eines Buddha auf der Umschlagseite einer buddhistischen Zeitschrift. Der Künstler hatte gute Arbeit geleistet, denn das Abbild des Buddha, der entspannt auf dem Gras saß, inspirierte mich sehr. Man konnte sehen, dass er sehr entspannt war, glücklich, gefestigt, ruhig; er strahlte Frieden und Liebe aus. Das hat mich inspiriert, und plötzlich, als kleiner Junge, hatte ich das Gefühl: Ich will so jemand werden. Ich wollte ein Buddha werden, weißt du. Denn um mich herum waren die Leute nicht sehr ruhig, sehr glücklich, und deshalb war das Bild des Buddha sehr hilfreich. Es drückte aus, dass es möglich war, ruhig, liebevoll, glücklich zu sein. Ich glaube, dass ich zu jener Zeit den Samen des Friedens, der Ruhe in mir hatte, und die Zeichnung wässerte den Samen des Friedens und der Ruhe in mir. Das ist ganz wichtig. Wenn du ein Künstler bist, solltest du viele Buddhas malen. Aber deine Zeichnung sollte deine Ruhe, deinen Frieden ausdrücken. Erst wenn du ruhig und friedlich genug bist, solltest du malen. Du übst, den Samen der Ruhe, des Friedens in dir zu wässern, den Samen des Glücks, und dann kannst du dich niederlassen, um ein Bild des Buddha zu malen oder ein Gedicht zu schreiben. Ein Künstler sollte den Samen des Friedens, der Ruhe und der Freude in sich tragen, um solche Kunstwerke zu schaffen, die die guten Samen in anderen Menschen wässern können. Es sind viele Künstler hier und dies ist eine Botschaft, die ich ihnen geben möchte. Schreiben Sie nichts, malen Sie nichts, schaffen Sie nichts, wenn Sie ärgerlich sind, wenn Sie verzweifelt sind. Das wird die negativen Samen in den Menschen wässern. Wenn Sie ein Filmemacher sind, ein Schriftsteller oder ein Dichter, sollten Sie wissen, dass Künstler eine wichtige Rolle spielen, sie können zum Wohle der Menschen beitragen, indem sie solche Kunstwerke schaffen, die die besten Samen in den Menschen wässern. Um das zu tun, müssen Sie zuerst die positiven Samen in sich selbst wässern. Künstler sind frei, um zu erschaffen. Freiheit ist wichtig. Aber Freiheit steht nicht im Gegensatz zu Verantwortlichkeit. Ohne Verantwortung gibt es keine echte Freiheit.

Viele Menschen haben Filme und Bücher geschaffen, die voller Gewalt, voller Diskriminierung sind, voller Wut. Sie verkaufen sich sehr gut, sie bekommen viel Geld. Aber sie haben viele negative Samen in den Menschen gewässert.

Sie sind frei, um schlechte Dinge zu tun, um negative Samen zu wässern, aber das ist nicht die Freiheit, die wir wollen. Denn diese Freiheit kennt keine Verantwortung. Wir müssen Verantwortlichkeit in unsere Freiheit einbringen, damit es wirkliche Freiheit wird. Als ich letztes Jahr in Amerika war, sagte ich: »An der Ostküste von Amerika gibt es die Freiheitsstatue, eine Statue der Freiheit. Aber Amerika sollte an der Westküste eine weitere Statue aufstellen, die Statue der Verantwortlichkeit. Denn ohne Verantwortung ist Freiheit keine echte Freiheit. Es gab viele Architekten, viele Bildhauer, die mir zuhörten, und sie versprachen, zusammenzukommen und eine Statue der Verantwortung zu entwerfen und sie an der Westküste aufzustellen. Wenn Sie ein Schriftsteller sind, schreiben sie doch einen Essay darüber, um sie daran zu erinnern, denn sie könnten es vergessen haben.

Der Künstler, der den Buddha gezeichnet hatte, war sehr hilfreich. Und wenn ich ein Mönch geworden bin, so ist es ihm zu verdanken. Ich habe ihn und seinen Namen nicht gekannt.

Ich habe auch Leiden um mich herum gesehen. Es gab Menschen, die reich, mächtig und berühmt waren, aber sie litten sehr, und ich wollte nicht so wie sie werden: berühmt, reich, aber doch sehr leidend.

Eines Tages organisierte unsere Schule ein Picknick. Wir wollten auf einen Berg in der Nähe, um zu picknicken. Ich war sehr aufgeregt, denn ich hatte gehört, dass auf diesem Berg ein Eremit lebte, der dort übte, um ein Buddha zu werden. Ich wollte ihn unbedingt sehen. Sehen, wie er praktizierte, um ein Buddha zu werden, denn ich wollte selbst ein Buddha werden. Wir wurden in Gruppen von fünf Kindern eingeteilt. In meiner Klasse gab es damals nur fünf Mädchen, und wir waren etwas fünfzig Jungen. Die ganze Schule ging auf das Picknick. Wir mussten ungefähr eine Stunde bis zum Berg gehen, dann begann der Aufstieg. Wir hatten uns vorbereitet und so hatte jeder von uns Reisbällchen und Wasser zum Trinken dabei. Ich kannte die Praxis des achtsamen Bergsteigens zu dieser Zeit nicht. Alle waren wir sehr wild darauf, auf den Gipfel des Berges zu gelangen, und so wollten wir alle so schnell wie möglich hochsteigen. Wir wurden bald sehr müde und auf der halben Strecke hatten wir schon unser ganzes Wasser getrunken. Ich war deshalb sehr durstig, als ich oben ankam. Ich litt nicht sehr unter dem Durst, was mich aber traurig machte, war zu erfahren, dass der Eremit nicht da war. Meine Enttäuschung war groß, weil ich diesen Eremiten wirklich sehr gerne getroffen hätte. Ein Eremit ist jemand, der sehr intensiv und alleine praktiziert, um so schnell wie möglich ein Buddha zu werden. Als ich hörte, dass zwar die Einsiedelei da war, aber nicht der Eremit, war ich sehr traurig. Die Einsiedelei war nur eine überdachte Hütte. Ganz enttäuscht ging ich dorthin, schaute hinein und sah einen kleinen Altar aus Bambus und ein Sutren-Buch, das in klassischem Chinesisch geschrieben war – der Eremit aber war nicht da. Wisst ihr, ein Eremit ist jemand, der alleine üben möchte und nicht von Menschen gestört werden will. Ich nehme an, als er hörte, dass viele hundert Jungen und Mädchen den Berg heraufkamen, entschloss er sich, sich zu verstecken. Er war nicht da. Und ich war enttäuscht. Wir wurden aufgefordert, unser Essen auszupacken und zu picknicken, aber mir stand nicht der Sinn danach. Ich dachte, dass der Eremit sich irgendwo versteckt haben musste, und so wollte ich ein wenig durch den Wald streifen, um nach ihm zu suchen. Ein wenig Hoffnung hatte ich. Ich ließ die anderen vier Jungs zurück und ging in den Wald, in der Hoffnung den Eremiten zu finden. Plötzlich hörte ich das Geräusch tropfenden Wassers. Dieser Klang ist sehr rein, sehr schön, sehr beruhigend. Ich folgte diesem Klang und entdeckte einen sehr schönen, natürlichen Brunnen aus Steinen. Das Wasser war ganz sauber. Ich kniete mich hin, formte meine Hände zu einer Schale und trank das Wasser. Es war köstlich. Ich garantiere euch, dass es viel besser als Coca Cola schmeckte. Ich war völlig zufrieden, nachdem ich das Wasser getrunken hatte. Es war, als ob ich keine weiteren Wünsche hätte. Keinerlei Wunsch war in mir, auch nicht der Wunsch, den Eremiten zu treffen. Sehr seltsam. Das Wasser war so wunderbar. In meinem Kopf, dem Kopf eines kleinen Jungen, der sehr viele Märchen gelesen hatte, dachte ich, dass sich der Eremit in diesen Brunnen verwandelt habe, so dass ich eine Privataudienz mit ihm haben konnte. Das stellte ich mir vor. Und so war ich glücklich bei diesem Brunnen zu sein, sehr zufrieden. Ich legte mich hin, um mich auszuruhen, und fiel in einen sehr tiefen Schlaf. Ich weiß nicht, wie lange ich schlief – vielleicht drei oder vier Minuten –, aber als ich aufwachte, wusste ich nicht, wo ich war. Das heißt, dass der Schlaf sehr tief war. Es dauerte einige Sekunden, bis mir klar wurde, dass ich hier mit meinen Schulkameraden war. Ich wusste, dass sie auf mich warteten, um zu picknicken. Ich war ein wenig unwillig zurückzugehen, denn der Brunnen hatte eine starke Anziehungskraft auf mich. Aber ich wusste, ich konnte nicht länger bleiben. Ich musste zurück. Ich war ein anderer Mensch geworden. Im Bewusstsein, den Eremit in der Form des Brunnens getroffen zu haben, von diesem wundervollen Wasser getrunken zu haben, ging ich langsam zurück zu den anderen – ich kannte damals noch nicht die Gehmeditation, aber ich übte ganz natürlich Schritt für Schritt zu gehen, ich hatte es nicht eilig. In mir war viel Frieden. Als ich die anderen sah, hatte ich keine Lust, ihnen die Geschichte zu erzählen, ich wollte sie geheim halten, denn ich hatte das Gefühl, wenn ich die Geschichte erzählte, würde ich etwas verlieren. Und so glaube ich, dass mein Zusammentreffen mit dem Brunnen das zweite Mal war, dass der Samen des Buddha in mir gewässert wurde. Meine Absicht, ein Mönch zu werden, war nach dem Picknick noch stärker.

Danach begann ich Artikel in buddhistischen Zeitschriften zu lesen und diese Artikel sprachen über eine Art von Buddhismus, der in der Familie angewandt werden konnte, in der Gesellschaft. Ich erfuhr daraus, dass ein König meines Landes nicht mehr König sein wollte, er wollte lieber Mönch werden, denn er dachte, dass er mehr Spaß als Mönch denn als König haben würde. Ich stimme mit ihm überein. Wenn mich jemand fragen würde, ob ich Premierminister werden wollte, würde ich niemals ja sagen, denn ich wüsste im Voraus, dass Premierminister nicht viel Spaß haben. Sie müssen sich um viel zu viele Dinge sorgen. Ich würde meinen Status als Mönch für nichts tauschen wollen. Im nächsten Leben werde ich auch wieder ein Mönch sein. Aber das nächste Leben ist schon jetzt vorhanden, um mich herum sind so viele Menschen, die mich fortsetzen.

Ein Mönch zu werden bedeutet nicht, dass man alle Bedingungen hat, um glücklich zu werden. Wenn du keinen guten Lehrer, wenn du keine gute Sangha hast, kannst du auch als Mönch leiden. Deshalb ist es sehr wichtig, nach einem Lehrer und einer Sangha zu suchen, die dir helfen, zu praktizieren, dein Leiden zu transformieren und glücklich zu sein. Wenn du also die Absicht hast, Mönch zu werden, solltest du sehr umsichtig sein und verschiedene Lehrer und Sanghas besuchen und kennen lernen, um das Richtige für dich zu finden. Wenn du dann ein Mönch geworden bist, gut praktizierst und dein Leiden transformiert hast, den Ärger, die Gier, dann kannst du ganz vielen Menschen helfen.

Viel Glück!

Dank

Dieses Buch ist nur ein kleiner Ausschnitt aus dem Schatz der »Fragen und Antworten mit Thich Nhât Hanh«. Es ist ein zufälliger Ausschnitt aus CDs und Abschriften, die mir vorlagen.

Mein Dank gilt all jenen, die nach vorne gehen, geduldig ihre Frage mit sich tragen, um sie dann mit der ganzen Gemeinschaft zu teilen.

Eine Blüte öffnet sich und ihre Schönheit erstrahlt im Licht der Morgensonne.

Ursula Hanselmann

Kontaktadressen

Spirituelles Zentrum von Thich Nhât Hanh:

Plum Village
New Hamlet
13 Martineau
F-33580 Dieulivol
Tel.: 0033-5-56 61 66 88
Fax: 0033-5-56 61 61 51
www. Plumvillage.org

Nähere Informationen für Deutschland:

Gemeinschaft für Achtsames Leben, Bayern e. V.
Kreit 4
Postfach 60
83730 Fischbachau
Tel.: 08092-85 19 940
Fax: 08092-85 19 941
www. gal-bayern.de

Seminarangebote für Deutschland

Intersein Zentrum für Leben in Achtsamkeit
Haus Maitreya
Unterkashof 50
94545 Hohenau
Tel.: 08558-92 02 52
Fax: 08558-92 04 34
www.intersein-zentrum.de

Quelle des Mitgefühls
Meditationshaus in der Tradition von Plum Village
Heidenheimer Str. 27
13467 Berlin
Tel.: 030-40586540
Fax: 030-40586541
www.quelle-des-mitgefuehls.de

Unsere Leseempfehlung

224 Seiten

Können wir so auf unseren Geist einwirken, dass wir unser Leiden mindern und unser Glück fördern? Lebenspraktisch und alltagsbezogen widmet sich der Autor diesen und anderen Fragen und zeigt, dass tiefgreifende Veränderung und Heilung möglich sind.